妈妈教科书

智慧妈妈最爱的育儿指南

〔韩〕朴炅淳·著
王　蓉·译

中国妇女出版社

图书在版编目（CIP）数据

妈妈教科书 /（韩）朴灵淳著；王蓉译. —北京：中国妇女出版社，2013.11

ISBN 978-7-5127-0771-9

Ⅰ.①妈… Ⅱ.①朴… ②王… Ⅲ.①家庭教育 Ⅳ.①G78

中国版本图书馆CIP数据核字（2013）第208732号

妈妈教科书

作　　者：〔韩〕朴灵淳　著
译　　者：王　蓉
责任编辑：姜　喆
封面设计：汤月飞
版式设计：陈佳佳
责任印制：王卫东
出版发行：中国妇女出版社
社　　址：北京东城区史家胡同甲24号　　**邮政编码**：100010
电　　话：（010）65133160（发行部）　65133161（邮购）
网　　址：www.womenbooks.com.cn
经　　销：各地新华书店
印　　刷：河北三河市金元印装有限公司
开　　本：150×215　1/32
印　　张：7.25
字　　数：137千字
版　　次：2013年11月第1版
印　　次：2013年11月第1次
书　　号：ISBN 978-7-5127-0771-9
定　　价：35.00元

前言

我的领悟

人们通常称我为心理学者，或学习精神分析的人，但为了我的读者，我想我应该以“我是三个孩子的妈妈”这句话开始我的自我介绍。我有两个相差一岁的女儿和一个儿子，儿子比二女儿小三岁。我喜爱心理学，所以长期以来未曾放弃过学习。

从三十五六岁开始，我时常被心中所产生的各种莫名的矛盾所困扰，在寻求解决途径的过程中我接触到了精神分析。既然已经走上了这条路，我就干脆跑到美国纽约弗洛伊德正统学派研究所接受了精神分析培训。就像电影中所演的那样，一周去四五次，躺在安乐椅上静思冥想，窥探内心各种想法。比起理论的学习，这一训练过程更重视的是个人的自我分析。

我在美国一直生活了七八年，一半是因为我的学习，另一半是当时风靡一时的留学热潮让我不得不等到两个女儿考上大学之后再离开。回国后，专攻临床心理学的同事给我置办了一间心理治疗办公室，不久后大学出现职位空缺，我便开始了我的教学生涯。现在我主要将精力放在教书育人上。

我写这本书并不是因为我特别擅长养育孩子。作为一个成长在韩国的保守环境下，一次修养课都没有上过的母亲，在和三个孩子无休止的战争中好不容易将孩子拉扯大，我能有什么育儿诀窍可言？有的人觉得，养育孩子是世界上最幸福的事，而我是一个天生缺乏所谓“母爱”的人。横生的无助感和烦闷让我难以忍受，郁郁成疾，否则我也不至于下定决心学习精神分析。

当我终于领悟到“啊，父母的作用是这样的啊”的时候，孩子们已经过了他们人生中的这一段“重要时期”。在美国进行精神分析训练的时候，我的大女儿正好进入青春期。都说人生犹如回力标，恶行终结恶果。向来聪明听话的大女儿开始叛逆起来，我意识到这是一个不称职的母亲应付出的沉重代价。要是没有精神分析训练的帮助，难以想象我会如何走出孩子青春期这条隧道。对精神分析的学习让我明白，长期以来我所认识的“父母的作用”中存在太多的“漏洞”。

我的构思

虽然我们都梦想成为完美的父母，但在孩子面前没有完美的父母。我们总是希望自己作为父母能做到尽善尽美，偶尔因自己的不足而惭愧不已。毋庸置疑的是，我们都是在未成熟之时已为人父母，学校不曾教过，也没有预备练习，我们只是凭着自己对父母的记忆，为成为合格的父母而竭尽全力。

“为人父母”是一个“走向成熟的过程”，这是本书想要传达的一个最重要的信息。这本书讲的不是已合格的父母养育子女的经过，而是无经验的父母如何与子女共同走向成熟。“矛盾”是这种“成熟”的肥料和养分，只有在和儿女的矛盾中，父母才有机会看清自己，在解决与孩子间矛盾的过程中不断成长。所以本书想要告诉大家的是，与孩子的矛盾不是父母不合格的佐证，并不令人难以启齿，这反而是父母走向成熟的必经旅程。

与孩子之间的矛盾不是一道简答题，而是各种问题复合作用的结果。即使问题一样，产生问题的原因也可能千差万别。这样看来，唯一的正确答案只能是“没有固定答案”。冷静、客观看待矛盾是成为父母的最基本条件，是一个良好的开始。

本书将“养育孩子须知”总结为以下3个方面：“天生的性情”，“婴儿、幼儿、儿童的基本发展过程”，以及“父母与孩子的关系”。

第一，决定孩子性格的最重要因素之一就是“天生的气质”。有饭量和个子成正比增长的孩子，也有喝水都长肉的孩子。体质是天生的，性情也一样。了解孩子的气质和天生的性情如何，认识孩子与身为父母的自己有何不同，是养育孩子的第一步。

婴儿与生俱来的东西超乎想象的多，除了才能、体质、性格，他们的五音不全和毫无节奏感，从前门进从后门出去后就不知身在何处的无方向感也都是天生的。还有比这更为细微的方面，比如读懂人心、整理东西、学习规律等能力在一定程度上都是天生的。

有些孩子是与众不同的“左撇子”。他们可能拥有读懂朋友内心或见人说人话、见鬼说鬼话的能力；可能擅长整理东西，日常生活能力强；也可能想法天马行空，不脚踏实地，梦想虚无缥缈。

孩子所做出的让我们产生疑惑的大部分表现都是与生俱来的。理解这种“天生”的差异有助于减少矛盾的产生。就像教左撇子的孩子写字一样，父母在养育这种孩子时需要巨大的智慧和耐心。本文就如何理解和处理这些天生的性情进行了探讨和说明。

第二，理解孩子成长的“正常发展过程”。在成长过程中，孩子有时会发脾气、无理取闹，有时会死缠着妈妈不放。初为父母的我们在养育孩子的时候总会感到生疏或焦虑不安。大部分情况下，对孩子成长过程的无知或一知半解是父母的焦虑感不断加深的原因。如果熟知相关知识，父母就能轻而易举地解决各种问题。这也是本人将如何正确、客观地理解孩子成长过程这一内容编入书中的原因。孩子成长的过程总体上被分为身体、智能、自我、情感、社会性等方面进行讲解。此外，书中还解释了对初为父母的人来说最困难的哺乳、睡眠等生理方面的原理。

书中内容还涉及了孩子的自我形成过程。“自我”一词得到广泛运用，但是要真正理解“自我”的形成过程并非易事。孩子的内心是如何形成的？为了培养出一个心理健康、充满自信的孩子，父母所能做的是什么？本书将与大家一同探讨语言、认知能力的发展以及与之相关的“自我”的成长和发展过程。

第三，本书中占最大比重的部分就是对“父母与孩子的关系”的探讨。人类关系中牵绊最深刻的一种就是父母和孩子之间的关系。一般人际关系中的矛盾是可以逃避的，但是父母与子女之间不可避免。因为无论爱也好，恨也罢，这都是人类心灵最深处的牵绊。孩子的行为可能刺激到父母，同样的，父母的情感状态也可能导致孩子做出一些相应的行为。对此，我们有时能够轻易理解，但有时却可能不明所以，如堕五里雾中。

更重要的是，即使问题产生的原因源于天生的性格或成长过程中的正常表现，但是问题的反复纠结也将使我们陷入“关系动力”的循环之中。因此，对这种“剪不断、理还乱”的问题，我们需要睿智、冷静地思考。

为了理解幼儿的心理发展过程，本书介绍了各种重要的精神分析理论。这些精神分析理论不仅能够帮助我们了解内心的起源，同时也是现今育儿和父母教育理论的基础。

我经常把学问比喻成“鲸鱼肉”。研究学问的人把自己切下的“肉”做成便于食用的料理，并谓之“鲸鱼”的味道。这就是育儿理论百家争鸣的原因。本书旨在帮助父母培养自己的独特视角，而不去一味依赖于这些学者的主观理论。这部分内容可能理解起来比较困难，但是为了让大家自行养成选择自己所需之物的判断力，本书收录了各种精神分析理论。

在介绍理论的同时，本书还对几位著名理论家的人生进行了简单考察。从心理学角度来讲，理论是一个学者的人生足迹，同时也是他从所经历的重大痛苦中挣扎出来的道路。所以，理解一个人的人生历程，就能够帮助我们更容易地对他的理论产生共鸣。这是我一直以来学习精神分析的方法，也是我将精神分析理论教授给他人的方式。

我在书中没有给出所谓的正确答案，因为我始终认为，父母的教育没有标准答案，一切都只能靠父母自己去寻找解决之法，对症下药。取而代之，我在书中为大家指明了各种寻找解决方法的道路，树立了前进道路上的里程碑。希望大家以这些里程碑为参考选择自己感兴趣的道路，在这条道路上慢慢探索，仔细思考。本书真正的内容开始于第三部分——“父母和孩子的关系”，究其原因，理解父母与子女二者之间的关系是一项最复杂、最耗时的工程。

我想要嘱咐阅读此书的读者，理解一个人的内心需要付出大量的时间和耐心。能够深刻了解他人内心的一种方法是螺旋形方法，即像拧螺丝钉一样一点一点深入心灵进行窥探。看起来好像只是原地打转，但看问题的深度已发生变化。这也是理解立体又复杂的人心时所使用的精神分析法。阅读此书会发现，同样的理论、相似的案例可能在书中反复出现。对此希望大家能从不同的视角来看待。拍电影的时候从不同的角度进行拍摄才能拍出多彩的画面，同理，“一千个读者就有一千个哈姆雷特”，即使是同一领域，如果从不同角度着手进行分析研究的话，也可能产生不同的理解。阅读的过程中如果遇到触动内心的部分，希望读者能合上书，闭眼静心体会那份触动。如此一来，获得了解的部分就能为我们的“成熟”提供养分。

父母和子女在心灵的最深处进行交流，因此要想解决他们之间的矛盾，一般的忠告建议和育儿法是派不上用场的。虽然有些晦涩难懂且十分耗时，但我认为精神分析法才是帮助我们顺利解决矛盾的“王道”。

可以说，这本书让父母在开始了解子女之前拥有一个反观自我的空间。我们在成为父母之前也曾经为人子女，在父母的照顾和教育下成长至今。这一过程如实地反映在我们身上，也将经我们之手继续影响我们的下一代。所以，我希望这本书也能成为每一位父母回顾自身成长旅程的一个契机。

我的建议

理论的发展变化通常反映一个时代，育儿和父母教育理论也不例外。我们这一代在使用打字机的父母的呵护下成长，而我们需要养育的下一代却将生活在一个飞速发展的新型时代。在这个时代，IT给人们带来的变化超乎想象。这也是如今“父母难为”

的一大重要原因。如今的父母们需要弥补的是至少四五十年的时代差距，真可谓任重道远。在保守、统一化的教育下成长起来的我们却希望将孩子培养成创新、有个性的人。为了培育出与时俱进的下一代，父母竭尽所能，但这谈何容易。关于育儿，我想强调的是，在我们的文化圈中必须要把握好的几个方面。

那就是“乖孩子综合征”“攻击性”“自恋”等。

“乖孩子综合征”在很早以前便已被提出。对此，人们一直以来都倾向于认为“体罚”是不正确的，而“称赞能使鬼推磨”。但是渐渐地，“称赞是毒”的说法也开始出现。这场争论的核心在于管教，而管教的本质总是透着“父母按照自己的个人意愿教育孩子”的意味。这种管教的本质究竟是否正确？这种管教方式是否可行？对此，本书将带领大家进一步思考。

“攻击性”从弗洛伊德时期开始就被认为是人类本性的重要因素。从一个人与生俱来的攻击性到当他受到挫折时表现出来的攻击性，攻击性的表现范围十分广泛。更重要的是，攻击性是生命的原动力和力量的源泉。

在美国，无论是父母还是老师都为了培养孩子的独立自主能力而努力，因为他们认为这是孩子需要开发的重要社会性之一。在韩国，主张消除“上命下服”体制的呼声也十分高涨，但是在重视尊卑有序的儒教文化圈中，这种主张仍然举步维艰，难以实现。

攻击性在家庭日常生活中存在各种不同的表现形式。有时孩子的正当要求或辩解甚至都可能被认为是跟父母顶嘴，这种情况并不少见。有时为了遏制孩子的攻击性，父母会将自己的攻击性进行合理化，从而造成一种恶性循环。这是当然的，因为孩子会模仿和学习父母的一切言行。除非本能所致，否则孩子很少会从一开始便身具攻击性。有时当孩子感到没有人保护自己时，会为了克服心中的恐惧而以身体行为来表现其攻击性。

本书旨在强调，攻击性是在培养孩子创造力和自尊心方面不可或缺的力量来源。本书为读者提供了一个学习如何理解和管教孩子攻击性的机会。

所谓“自恋”，简言之，就是“我最了不起”的自我认识。从结论来看，“自恋”是婴幼儿发展过程中必需的“营养成分”。能够自己走路，不再需要尿布，仅仅如此就能让婴儿们像拥有了整个世界一般扬扬得意，因为这一刻自己变成了“最棒”的存在。这种自恋心理大概在孩子3岁的时候会达到顶峰，而由此产生的“得意”状态会持续较长一段时间——玩游戏快输了的时候就哭，妈妈做饭的时候硬要插上一脚，看漫画的时候幻想自己像主人公一样打败所有坏人，在知道整个国家最高权位者是总统之后就开始梦想成为一名总统。

一直以来，我们在成长过程中所受到的教育都告诫我们“不能自以为是，谦虚才是美德”。而研究孩子成长过程的精神分析学者们却从很早以前就主张，为了培养孩子的自豪感和自信心，在某些特定的成长阶段应该让孩子尽情享受“我最棒”的优越感。孩子的这种自我认识不足为虑，但是父母认为“自己的孩子一定要是最棒的”这种自恋意识却不失为一大隐患。

为了培养出符合时代发展要求的优秀孩子，父母应该考虑些什么？本书对这部分内容进行了详细探讨。

最后，我将本书的书名相关事宜委托给东远育英财团的图书项目组和飞龙沼出版社全权负责，但是在书写此书之初我心中便一直藏着一个名字。希望读者们在畅读此书之后也能深有同感，故记录在此。

“用心若够深，无处不可达。”

朴灵淳

目录
CONTENTS

Part 1 与父母的关系影响孩子一生

Part 2 孩子成长的步伐

Part 3 每一个孩子都与众不同

Part 1
与父母的关系影响孩子一生

乖孩子是辛苦的

离了母亲，我不知“婴儿”是何所指。

—唐纳德·伍兹·温尼科特—

在孩子面前没有完美的父母，但我们总是希望自己作为父母能做到尽善尽美，偶尔还会因自己的不足而惭愧不已。我们往往是在未成熟之时已为人父母，养育子女是一个学习如何为人父母的过程，是一个走向成熟的过程。

父母与子女共同走向成熟，“矛盾”是这种“成熟”的肥料和养分。只有在和儿女的矛盾中，父母才有机会看清自己，在解决与孩子间矛盾的过程中不断成长。因此，接受并正确看待自己与子女之间的矛盾，耐心地找出矛盾产生的根源，这才是矛盾解决之路上明智的开始。

将子女的问题不分青红皂白地全部归咎于父母的话，父母未免太冤。有一位大师面壁参禅数年，却认为养育子女是一件比面

壁参禅还要艰苦数倍的事情。

毋庸置疑，子女的问题绝不是父母的过错。我们同样需要明白的一个事实是，孩子只会表达他们的不适而没有解决的能力。无论矛盾产生的原因为何，罪魁祸首是谁，孩子都没有能力去解决，以致问题原封不动地转到父母的手中，解决问题自然也就变成父母的分内之事。对待在其他人际关系中产生的矛盾，或忍耐或绝交，只要逃开就万事大吉。但是，与子女之间的矛盾避无可避，越无视越凸显，越逃避越恶化。这是父母无法逃离的两难，所以才有“孩子是父母前世的债”之说吧。

要解开这个谜团，父母必须先窥视自己的内心。必要时甚至还要打开一直紧闭着的心灵仓库，与孩子分享所有的喜怒哀乐，因为父母和孩子是在心灵最深处进行交流的。

现如今，几乎所有的育儿书籍都十分强调孩子小时候和妈妈的关系。唐纳德·伍兹·温尼科特可以说是提出相关理论的“始祖”。从一名儿科医生到一位精神分析家，温尼科特就婴儿期问题所提出的理论之精妙无人能及。对于初探这一领域的人来说可能会显得颇为生涩，但是由于许多儿童发展理论家的主张都以温尼科特的理论为中心，因此提前对他的重要理论进行了解很有必要。

温尼科特的理论可以浓缩为“乖孩子的辛苦”，他透过孩子与妈妈的关系细腻地刻画了孩子的心理成长过程。他提出，婴儿的心灵犹如一张干净的白纸，这张白纸在孩子与妈妈的关系中逐渐增色添彩。不仅如此，关于婴儿的攻击性和其应对方法，温尼科特做出了相较于任何理论家都更具实质性的说明。

1. 十指连心，哪个都疼

对孩子而言，父母的爱就像不得不与他人分享的蛋糕。虽然父母认为他们给了每个孩子一个完整的蛋糕，但是从孩子的立场上来看，他们不过只分到了一块而已。父母的爱再伟大也无法改变其必被分食的属性。分蛋糕的特征就在于别人手里的那一块永远显得更大，这是和兄弟姐妹一起长大的孩子必须面临的困境。

“小心思”经常跟弟弟“小石头”吵架。说是吵架，其实是姐姐单方面地压迫弟弟。“小心思”心情好的时候可能只会简单地折磨一下弟弟，要是不高兴的话可能会对弟弟大打出手。姐弟间的争吵从小就开始，直到弟弟再也无法忍受，这种小争吵就发展成了大型肉搏战。

“小心思”的妈妈为此无比伤神，无法理解“小心思”的行为，身为姐姐，不仅不照顾弟弟，还和弟弟吵架斗气。她生气地说“小心思”没有做姐姐的资格，是一个自私的孩子。而后她又不禁叹息，“真不明白为什么孩子会这样，想当年我们小时候从来没有这样过”。

父母在进行子女教育时最常问的就是孩子之间的争吵问题。两个都是自己的孩子，手心手背都是肉，无论偏袒谁都不合适。俗话说，“十指连心，哪个都疼”。在孩子成长过程中，每当被拿来与兄弟姐妹比较，感到愤愤不平时，父母通常都会用这句话来辩解。

事实真是这样的吗?

有的手指碰都不舍得碰一下，而有的手指却总是被咬。父母自认为给予每个孩子充足且均等的爱，一再强调他们从不厚此薄彼，但是在孩子的眼中却并非如此。爱并不像土豆或地瓜那样能够按个数进行计算或分配。爱如空气，看不见却不可或缺，像一块不够吃的蛋糕，好吃却无法让人满足。兄弟姐妹注定共同分食一个蛋糕。父母的无私奉献和无限给予只不过改变了蛋糕的大小，让它比别的家庭更大而已，却无法改变蛋糕被分食的命运。分蛋糕理论中存在着微妙的心理作用，即“自家的肉不香，人家的菜有味”，即使已经确定是最大的一块，在拿起的瞬间还是会觉得别人手里的蛋糕更大。在孩子眼中，“兄弟”是将自己想要独占的蛋糕抢走的“对手”，是抢走爸爸妈妈的视线和关心的“敌人”。虽然也可以把兄弟间的小打小闹解释为友爱的体现，但是如果不进行如此的假设，我们就无法理解孩子之间带敌对情绪的争吵反复出现的原因。

精神分析的创始者西格蒙德·弗洛伊德早有断言，兄弟间的对手意识是一种宿命，是成长过程中必经的挫折，有时更可能是一种不可承受之伤。简而言之，兄弟间的争吵是一种命运，是每个人都必须经历的成长过程。如果为人父母者了解了这种“分食的命运”，那么他们对待争吵的孩子时态度就可能会不一样。现在是时候理解一个哥哥对弟弟的嫉妒心理了，理解他们一夕之间就从王位上跌落下来的委屈。孩子年纪稍长之后，父母通常会

假装无视他们之间的争吵，或者把两个都教训一顿，因为这是最客观的解决办法。但无论出于什么原因，将孩子间的争吵看在眼里的父母心中都不会好过。置之不理或公正审判都不是易事。父母也是人，他们也可能会偏袒其中一方，未受到偏袒的一方就会强烈反抗或号啕大哭，这又将为另一场矛盾和争斗埋下火种。

父母的心中有多个房间，其大小和深度各不相同，每个孩子都住在属于自己的房间里。哥哥即使考95分，也会因一道错题而让父母不满意；而弟弟只考80分仍会让父母觉得无比自豪，其原因就在于此。所谓“十指连心，哪个都疼”的辩解对本来就委屈至极的哥哥而言无疑等同于在其伤口上撒盐。哥哥心里明白，父母爱弟弟胜过爱自己，妈妈心中弟弟的房间比自己的漂亮得多。无论父母怎么强调自己给予孩子等同的爱，这份爱中仍然不可避免地掺入了个人偏好。如果孩子们的房间从颜色到采光都全然不同，等级的差距太大的话，孩子心中就会留下创伤，挫败感也会不断滋生。身为姐姐的“小心思”再也无法忍受了，她迫切地想要得到弟弟那间更漂亮、更舒适的房间。但无论她怎么向妈妈暗示都没有用，因为房间一旦定下就再也难以改变，所以，最简单直接的办法就是将自己的愤愤不平发泄到弟弟身上。

大家可能会问，这到底是谁的责任呢？孩子与生俱来的性格因素也应考虑在内，不是都说爱与恨都源自孩子吗？出生的顺序或性别也都可能成为影响房间安排的重要因素。因此，这并不能说是父母的错。父母子女间也讲究命理，与父母八字相合的孩子更能得到宠爱。

但是，对于父母在自己的成长过程中逐渐形成的房间，如果孩子没有选择权，只能被动地接受房间安排的话，责任归谁这一问题就另当别论了。简而言之，如果父母心里早早地就把房间分配好，哥哥属于听话懂事的房间，弟弟住在漂亮可爱的房间，那么这一问题就应当重新考虑一番了。

“小心思”发泄怒气的行为可能就是为了从妈妈为自己强制安排的房间中逃脱出来，她如此讨厌弟弟可能是出于对住在另一个房间的弟弟的嫉妒。言已至此，寻找烦恼解决之法就成了父母的职责，也是本章要探讨的主题。

2. 乖孩子综合征

一张桌子有四条腿。无论哪条腿松动了，桌子都会变得不稳而无法发挥其自身的作用。人心亦如此。喜、怒、哀、乐中缺少任何一种都会让我们变成情感世界的跛脚人。在“乖孩子”的称呼后加上“综合征”一词的原因就在于此。

上幼儿园的“小乖乖”最近突然总是闹情绪，因为一点点小事动不动就哭，向弟弟发脾气，有时还会打自己最喜欢的小狗。这些表现妈妈都看在眼里。有一天，妈妈在从幼儿园放学回来的“小乖乖”脸上发现了伤痕，问孩子怎么回事，他却只哭不说话。在妈妈不停地追问下，“小乖乖”最后说班里的同学无缘无故地打自己，一开始只是轻轻拍打，但是看自己毫不反抗，渐渐地同学们就放心大胆地欺负自己了。

儿童专家们在“乖孩子”后加上“综合征”一词，无异于肯定了这种现象的不健康和不正常。换言之，这是一种情感的缺陷。因为这种孩子无法表达和灵活利用自己的情感，将“乖巧”当成一种防御机制（面对害怕、不高兴的情况或者要求未得到满足时，为保护自身而自动采取的一种适应行为）。下面我们再举一例。

“小反转”在来心理咨询室前不久还是一个优秀、听话的好孩子，学习优秀，外表出众，彬彬有礼，尊老爱幼。爸爸是公司职员，妈妈做些小生意，所以大多数情况下妈妈甚至比爸爸还晚回家。如此一来，“小反转”必须身兼母职，替妈妈照顾妹妹，拿出保姆阿姨做好的晚饭和妹妹一起吃；检查妹妹的家庭作业；碰到爸爸晚回家的时候，一直照顾妹妹，直到妈妈回来。“小反转”无论上哪儿都带着妹妹，街坊邻居因此总夸奖他是一个懂事的好孩子。

自从搬家和转校之后，“小反转”就变了。新学校比以前上的学校水平更高，这让他在学业上越来越吃力。想要跟上新学校的学习进度就必须上补习班，为适应新学校的生活还要交一些新朋友，但是因为还要照顾妹妹，“小反转”分身乏术，左右为难。赶学习进度，交新朋友，照顾妹妹，三件事同时缠身的“小反转”再也难以应付下去，以致他最后渐渐松开了咬牙坚持着摇动三支船桨的双手。成绩不断下降，事事变得力不从心，随之，对妹妹的照顾也越来越疏忽，其结果自然就是妈妈的指责。正好爸爸被公司派到外地工作，从那以后，他和妈妈之间的矛盾就更加频繁和恶化了。已经进入青春期的儿子和妈妈互不相让，最后引发战争。从来不曾对别人发火的妈妈也因与儿子的争吵而受到深深的伤害。最终，“小反转”去看了儿童精神科后被诊断为患有忧郁症，需要同时接受药物治疗和精神治疗。

“小反转”的父母是典型的好公民。妈妈自己生活节俭朴素，但却会毫不吝啬地拿出大笔钱来帮助有困难的人。看着因孩子而受苦受累的“小反转”的妈妈，我不禁感到惋惜不已，原来

“善有善报，恶有恶报”也并非绝对。

人类的情感大致可分为喜、怒、哀、乐四大类。我们使用的饭桌或书桌大多有四条腿，即使一颗螺丝松动了，桌子也会失去其稳定性而无法起到一件家具的作用。我们的情感也是一样，压抑某一种情感，或因为害怕某种情感而过分使用另一种的话，情感的平衡就会被打破。

任何人身体里都装着善与恶两种品质，明确划分并断定谁善谁恶的二分法是行不通的。即使存在这种分类法，将它称作善恶之间的“角色分配”更为准确些。

“乖孩子综合征”之说出现的原因在于，在我们心中，好和坏之间总是隔着一堵高墙，二者无法沟通交流，以致我们不可避

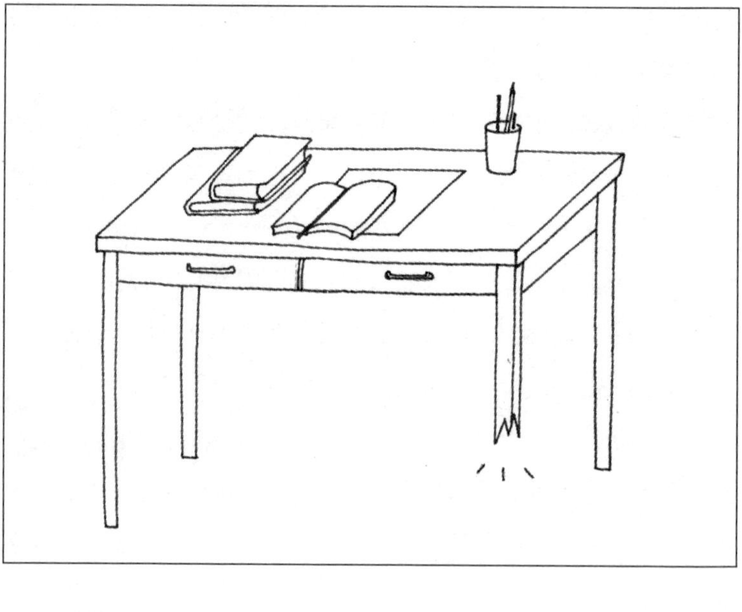

免地倒向一边。

3. 称赞是药还是毒

“称赞能使鬼推磨”一语出自某畅销书作家之口，同时也有学者反称“称赞是毒”。两种说法都有道理，问题是在什么情况下哪一种说法更为正确。事实上，没有什么比称赞更能让人开心愉快的了，但如果过于依赖，称赞也可能变成致命毒药。

向日葵一心仰望不理睬自己的太阳公公，随着夕阳西下，它背向黄昏无力地垂下脸庞，这是向日葵的宿命。父母目光不在自己身上的时候，孩子会一直眼巴巴地望着父母，不断探究他们心

中所愿。无法与父母进行眼光交流时，孩子会变得焦躁不安；为了不错过偶然视线相撞犹如久旱逢甘霖的那一瞬间，孩子甘愿穿越漫无边际的沙漠，将这场甘霖当成人生的目标。

这一刻，称赞变成了毒药。这一刻，别人变得比自己重要，别人心中所愿变得比自己的意愿更为重要。可以说，当渴望得到称赞和肯定时，称赞就变成了毒药。换一种更为专业的说法，这时的我们开始以一种“假我”（false self），而非“真我”（true self）的形态生活。雅克·拉康将之表述为以“他人的欲望”而活的人生，弗洛伊德将这一过程称为“自居作用的自恋”（自居作用，指的是个体无意识地将某一客体的某些方面或属性同化的心理过程，例如，把一个他所钦佩或崇拜的人的特点、某一团体或某种主张作为自己的特点）。原初的自恋和自居作用的自恋之间存在着重要的差异，前者是每个人必然经历的过程，后者则于受挫折后才会产生。这种挫折被理论家们称作“心理上的客体丧失”（虽然现实中有妈妈，但是自己所期望的妈妈并不存在）。

对此进行最详尽说明的理论家就是温尼科特，如上文所述，他的相关理论可总结为“乖孩子的辛苦”。他主要解释说明了，当妈妈对孩子的行为表现不敏感时，在与妈妈的交流中得以形成的婴儿的内心所经历的悲剧。

4. 妈妈向日葵

妈妈必须对孩子非常敏感，敏感地对待不会说话且无法自行满足所需的幼儿。如果妈妈无法做到这一点，孩子就会反过来对妈妈十分敏感。比起“我饿了”这一事实，他们更敏感于确认妈妈是否处于能够给自己喂食的状态。如此一来，孩子就会渐渐长成一个将他者欲望优先于自我欲望的孩子。这对别人来说可能是好事，但就孩子自身而言，这可能让他们难以发觉真正的幸福。

人类最大的悲剧之一就是学会独立生活需要太久的时间，学会用语言表达自我意识也要花费很长的时间。所以温尼科特说，妈妈必须对孩子的所需十分敏感，自觉地为孩子提供他们所需之物。

妈妈对孩子不敏感的结果是什么呢？孩子会反过来对妈妈十分敏感，一味顺应妈妈所愿，掩藏自己的欲求，将妈妈的欲望当成自己的欲望一概持接受态度，变成一朵“妈妈向日葵”。这对妈妈来说可能是件好事，但对孩子而言，这是一场人生悲剧的开始。刚开始时孩子可能会哭闹、耍赖，但是渐渐地他们放弃抵抗，变成顺从的孩子，藏起自己的欲望，为满足他人的欲望而活。孩子最终可能成长为一个万事“随便”的人，当被问及想吃什么的时候，回答是“随便”，被问及想干什么的时候，回答也是“随便”。

那么，妈妈必须对孩子敏感是什么意思呢？

首先是源自本能的敏感。不知道大家有没有看过狗妈妈，狗妈妈在生下小狗之后都会本能地警惕周围的环境，有时甚至会攻击主人。狗妈妈给小狗喂奶，连小狗的排泄物都会舔舐干净。这都是想要保护孩子的本能起作用的结果。温尼科特说，妈妈生产过后的表现也与此类似。妈妈会对孩子的一举一动十分敏感，即使孩子的一个翻身都可能让沉睡中的妈妈醒来；妈妈甚至能听到在较远房间内睡觉的孩子醒来的哭声。温尼科特将这种表现表述为“母性的专注状态（母性的全神贯注）”（maternal preoccupation），称其为一种生理现象。根据他的理论，这种生理现象几个月后会逐渐消失，但是妈妈在那之后仍然需带着这种心理去养育孩子。孩子想要什么？即使孩子发出同样的哭声，但那哭声所代表的含义是什么？妈妈必须具备对此进行一一辨别的能力。因为当孩子的欲望得到充分满足时，他们才能形成良好的自我。

温尼科特说，孩子靠自己的身体去感受母亲。孩子通过皮肤感受妈妈的触摸，从中获得妈妈的情感信息。孩子不仅在子宫中和妈妈相连，出生之后也通过皮肤与妈妈互感，从中获得的感觉是涂染孩子精神世界的重要色彩。从妈妈那里感受到的爱和喜悦在孩子心中描绘出幸福的图画，妈妈的忧郁和无助感会让孩子心中的图画也黯然失色。因此，如果妈妈无法敏感于孩子，就等于关上了孩子接触外部世界的大门，又或者，孩子会变成一朵对妈妈敏感的“妈妈向日葵”。

如此一来，孩子就无法形成坚强的自我。首先，孩子将不懂得均衡使用喜怒哀乐这些情感，“怒”或“攻击性”可能会被他们掩藏起来。温尼科特曾说，婴儿适度的“无情”（ruthlessness）是与生俱来的，“父母应该让孩子尽情施展对父母的无情而不畏惧报复”。这样孩子的喜怒哀乐才能得到均衡发展。父母至少在一定时期内应该接受婴儿的无情对待，因为这反而更有利于帮助孩子长成一个懂礼貌的人。

5. 什么时候才懂事

所谓成熟，如果用“老成”一词来解释，那只能道出成熟的极小部分含义。真正的成熟指的是，从小至今的所有形态集于一身，并拥有能够适材适所地将这些形态进行灵活体现的变通性。

早熟的孩子很少有小时候就出入心理咨询室的案例。通常情况下，这些孩子在进入青春期或青少年时期性格产生突变之后，被吓坏的父母才领着他们来接受心理咨询。

早熟可能意味着某种必需之物的缺失，就像缺少了某种必需营养成分的食物一样，终有一日须付出相应的代价。早熟只对父母有利，对孩子自身可能是一种不幸。

这个理论看似简单，其实内涵深刻。乖孩子综合征，坏男人的魅力，成功人士的“高处不胜寒”，让人艳羡不已的人突然自杀了等，这些例子都与此相关。

例如，妈妈对孩子不敏感时，孩子肚子饿的时候会用哭的方式向妈妈索要食物。但如果这种不按时给孩子喂食的情况反复发生，孩子的想法就会发生变化。他们会逐渐变成听话、不哭不闹的“乖孩子”，即使肚子饿了也强忍着，直到有人过来给他们喂奶。最后可能导致孩子无法弄清自己的感觉，甚至不知道是肚子饿了还是没有力气。根据不同情况，有时孩子的视线可能会一直紧跟着妈妈，以确认妈妈什么时候才能满足自己的需求。孩子开始对妈妈的一举一动敏感起来。正如温尼科特的理论所述，当妈妈对孩子不敏感时，孩子就会反过来敏感于妈妈的言行。通俗地说，孩子开始看妈妈的眼色而行事了。

除此之外，当妈妈不敏感于孩子的需求时，孩子还可以采取另一种应对方法，那就是变成一个“赖皮鬼”。为了得到自己想要的东西，无条件地耍赖，不达目的誓不罢休。从表面上看，“乖孩子”和“赖皮鬼”的行为截然不同，但其实他们内心的创伤如出一辙，那就是得不到心中所求的挫败感。“乖孩子”和“赖皮鬼”是一对同桌，存在着相同之处。因为他们心中有着同样的创伤，所以在幼儿园或学校他们可能反而会成为好朋友，“乖孩子”照顾并让着“赖皮鬼”，“赖皮鬼”胡搅蛮缠地欺负“乖孩子”。这在恋爱关系中表现为乖乖女被坏男人套得牢牢的状态。如果这种关系超越了一定的“度”，会让周围的人感到同情与惋惜，但却无法判断这归咎于谁并加以指责，因为双方不过是在各取所需，无所谓对错。如上所言，我们可以将这理解为一种“角色分配”。“乖孩子”和“赖皮鬼”拥有“挫折”这一共同之处，前者因乖孩子综合征而受到压抑的愤懑和委屈透过后者得到发泄和释放。“乖孩子”讨厌“赖皮鬼”，但同时又因感情净化和精神发泄的无穷魔力而难以逃离对方。

6. 管教的底线在哪里

> 父母应该让孩子自由地表达其攻击性而不畏惧报复。
>
> ——唐纳德·伍兹·温尼科特

“没礼貌”让妈妈很为难，因为孩子总是不时地在长辈面前做一些失礼的行为。爷爷奶奶来家里的时候，“没礼貌”总是喜欢拽着爷爷的裤子不放，坐着的奶奶也不能幸免，被他抓头发。客人来家里做客的时候更是如此。“孩子知道什么啊？看到我们很高兴才那样的吧。”虽然长辈们这么说，但妈妈对此总是束手无策，无奈至极。要是冲孩子发火的话，妈妈也会一起遭殃。孩子出手不知轻重，有时打得太疼了，妈妈也会忍不住火冒三丈。孩子听见妈妈喊疼之后，就会笑着逃走。还是个不会说话的孩子而已，打也不是，骂也不妥，妈妈真不知道该怎么办才好。

我们在管教孩子的时候觉得最难应对的就是孩子的无情和攻击性。抓妈妈的头发，欺负弟弟妹妹，在幼儿园和别的小朋友打架，在公共场所大哭大闹胡搅蛮缠，稍有不满就乱丢东西歇斯底里，等等。孩子的这些无法预测、公然撒泼的行为让父母感到既困惑又难堪。

管教孩子对父母来说是一个最需要无限耐心的过程，有时要果断地说一不二，有时又要细心地呵护孩子的心灵，使之不受伤害。

在应对婴儿的无情或攻击时，父母首先需要明白以下两点：第一，孩子挨训的时候会产生父母讨厌自己的感觉；第二，孩子从父母那里学会生气和体罚。只要时刻谨记这两点，管教孩子的方法任君选择，但是事实上想要避免这种副作用谈何容易（当然，父母有时不可避免地需要武断一些，例如孩子的攻击性行为对孩子自身或其他人造成身体伤害的时候）。

对于还听不懂大人话的婴儿，让他们亲眼看一看自己的无情给他人带来多大的伤害和痛苦是一个不错的做法。例如，孩子抓妈妈的头发时，妈妈做出疼痛或者哭泣的表情，让孩子感受到自己的行为给别人带来了什么样的影响。

什么是攻击性？孩子为什么会做出一些攻击性行为？东方思想中存在一种“性恶说”，但弗洛伊德认为攻击性是“先天的”，是人类的原始本能之一，是力量生成的重要原动力。其他理论家们则将之看成“欲求未得到满足时体现出的情感反应”。每个孩子都具有维持自我生存的各种需求，当这种需求没有得到充分满足时，他们就会体现出攻击性。这些都是我们耳熟能详的东西。

弗洛伊德所说的“攻击性”（aggression）即温尼科特所主张的“无情”。温尼科特所说的“无情”行为中也包括“孩子因愉快而做出的过度的行为体现”，未满3岁、无法用语言来表达自己的婴儿们的行为也包括在内（关于3岁之后孩子体现出的攻击性我们将在下文进行详细探讨）。

与之相关联的，带着扎根于儒家文化沃土的传统精神和思想，我们难以理解“父母应该让孩子自由地表达其攻击性而不畏惧报复”一言。这句话的意思是，孩子即使表现得无情，我们也要笑着接受。对此，韩国的大部分父母首先想到的就是：“要我们接受没问题，但孩子以后要是没规没矩的话谁负责？”

总之，我认为这句话所包含的哲学道理唯有父母中的“佼佼者”才能够领略，这句话也是在精神分析培训过程中让我受到巨大启发的宝贵箴言。它是我人生中的一大话题，曾让我感到无比彷徨，曾是我人生道路上最大的一块绊脚石。但同时，这句话也成为我减少与孩子间矛盾的契机。第一次读到温尼科特的这句话时，我甚至怀疑自己是不是写错了，虽然从文字和语法上来说无甚错误，但是缺乏实际经验的我实难领悟言中之意。父母的心该有多么宽厚，才可能在孩子无情对待他人的时候仍然宠爱他，才能在孩子耍赖皮的时候仍然不讨厌他？

虽然在我们看来无比陌生，但是以温尼科特为首的大多数学者都一致认为，小心应对孩子的攻击性十分重要。

其原因如下。第一，攻击性本身是重要的力量源泉。无论是出于本能，还是需求未得到满足的结果，一旦这一源泉被大坝阻挡，我们就无法顺利获得力量。攻击性是构成人类喜、怒、哀、乐的重要因素之一，因此，如果无法适当地将攻击性释放出来，内部或外部的情感交流都无法顺利进行。攻击性若无法外发，便会转向内部，使孩子产生忧郁情绪。根据弗洛伊德的定义，忧郁是“发泄于内心的愤怒”。不冲他人发火，取而代之地对自己产生厌弃和自责情绪，认为自己不够优秀所以不配得到别人的爱，长此以往自然会导致孩子缺乏自信和自尊。

第二，温尼科特曾说过无情是未来的“创造力之源”。创造是一个开辟未择之路的过程，为了避免受到他人非难而沿着已铺好的道路行走，何谈创造？

第三，孩子成长的道路上有一座名为“自恋”的山坡。这是孩子成长过程中必经的重要关口，关于这一点下文还将继续进行说明。每个孩子都有一个认为“我天下第一”的时期，并因此得意不已。在大人的眼中可能会显得可笑和粗陋，但孩子却固执地认为自己做的东西最棒。这时孩子们表现出来的无情将来可能会发展成自信和精神养分。虽然常言道：“稻子熟了才会低头。”但在稻子成熟之前，秧苗也需要一个能够朝着天空伸展腰肢、恣意生长的时期。在成熟之前就低头的稻子绝不可能结出饱满的谷粒，也长不出足以承受稻子重量的茎秆。

精神分析家的理论和人生1

乖孩子的辛苦

唐纳德·伍兹·温尼科特

Donald Wood Winnicott（1896—1971年）

英国休养圣地普利茅斯的宁静小村庄，坐落在山坡上的美丽房屋，奔走于厨房内外的女人，角落里一个拿着玩具边玩边看的小男孩。

这是温尼科特小时候的一个生活场景。父亲因事业而四处奔波，母亲身体柔弱，性情忧郁，温尼科特还有两个姐姐。除了园丁，家里清一色的全是女人，温尼科特就是在这样的“女人天下”中长大的。托善于社交也颇有名望的父亲之福，温尼科特从小生活富裕，但是在精神层面上，他的内心没有可寄托的对象。

温尼科特变声期到来较晚，又因在一群保姆、奶妈身边长大而性格内向。父亲对此甚为不满，于是在他13岁时突然把他送到寄宿学校。小小年纪突然面临与家人的分离，这种“教育性流放”在他幼小的心灵上造成了记忆深刻的创伤。父亲希望他能子承父业，但是温尼科特却考入了医科大学，毕业后度过了一段平凡而充实的青年时期，直到他成为一名医生。

刚开始只是儿科医生，但渐渐地，温尼科特以自己个人经历的痛苦，即母亲的死和婚姻生活的举步维艰为基础，开始涉足精神分析领域，并以此为契机，最终成为精神分析家。特别是在探索母婴关系领域，他成为一位有名望的理论家和临床学者。如果说弗洛伊德将理论研究的重点放在了本能的力量上，温尼科特更为重视的是母婴关系中婴幼儿的精神世界是如何形成的这一问题。他也因此在一众精神分析学者中被称为“客体关系理论家”。在这一理论的初创期，他建立起客体关系精神分析组，之后他的理论由费尔贝恩（W. Ronald D. Fairbairn）、巴林特（Alice Balint）、鲍尔比（John Bowlby）等同事或后辈传承下去。

客体关系发展理论是一种探讨婴儿的精神在与母亲的相互作用中如何形成的精神分析理论。其探讨的问题包括：母亲应该如何保护婴儿的内心不受伤害；孩子心中的自尊是什么；应如何应对孩子的攻击性；在与母亲进行心理分离的过程中，适度的挫折所指为何，等等。

温尼科特通过妈妈应该敏感于孩子的言行这一“母性专注状态”理论，提出妈妈应该像狗妈妈保护小狗崽一样，敏感地觉察出孩子的状态变化，如若不然，渴望父母爱的孩子就会变成“向日葵”，不知疲倦地抬头仰望着不理睬自己的太阳。温尼科特用“真我”（true self）和“假我”（false self）的概念对孩子的这种“向日葵”心理进行了一番解释说明。这给后来的客体关系发展理论家们提供了无限的灵感。鲍尔比将之表述为“安全型依恋和不安全型依恋”；海因茨·科胡特重新解释了自恋，孩子为了满足妈妈的心理需求而努力成为一个优秀、听话的好孩子，他认为这是孩子的悲剧。

作为一名儿童精神分析家，温尼科特不仅在当代学术界，而且在普通人群中也获得了至高人气，形成一股风潮。第二次世界大战结束后的20世纪50年代，他主要通过无线电广播和演讲传播关于母婴关系的理论，他对战争孤儿心怀怜悯，为他们建造了可供栖身的保育设施。

温尼科特不仅声高名望，而且品行高尚，心地善良，从未批判过他人。母亲体弱多病，以致他从小都没能在妈妈的怀抱中哭闹撒娇，而是由奶妈一手带大。他从小就是个乖孩子，但却突然有一天独自一人被父亲送到寄宿学校。在无尽的孤独中，他渐渐长成一个沉默寡言的内向少年。身心柔弱的母亲去世，婚姻生活刚刚开始就面临崩溃的危险，这时的温尼科特不过20多岁。他开始进行精神分析，从不同于弗洛伊德的另一视角考察人类的精神世界，在全世界获得了一定名望。温尼科特的客体关系理论之真谛在于获得“真我”。

虽然温尼科特后来获得了高于其父的名望，但他始终都因自己忤逆父亲而心怀愧疚。他为克服这种俄狄浦斯矛盾进行了多番努力，不惜付出生命的代价。温尼科特自身也处在难以克服的矛盾之中，这无疑体现了他人性的一面。

活在骄傲中的孩子

母亲对婴儿的“同感”对其心理上的生存而言必不可缺，

同感的丧失造成行为的不当和能力的丧失。

—海因茨·科胡特—

现在我们要谈论的是科胡特所说的自恋。从根本上来说，自恋与温尼科特所说的“真我”并无太大不同之处。如果换一个角度来看待的话，我们就能理解关于子女教育的另一重要事实。这部分内容将为我们提供一个机会，让我们再次诠释母亲对孩子的“献身”之真意，探讨令人羡慕的优等生不为人所知的另一面，对婴儿的教育和这一成长时期进行再思考。

1. 我最了不起

高中生小忧和妈妈一起来我这里接受心理治疗。她成绩排名倒数，对学习毫无兴趣。上一次期中考试时，小忧借口生病拒绝去学校，担心之余妈妈带着她来到我的心理咨询室。孩子性情忧郁，对世上万物没有任何迷恋。妈妈表示要是在一两年前自己甚至无法想象小忧会变成这个样子，并向我咨询该怎么做才能让孩子回到过去的样子。她以前漂亮、懂礼貌、学习好，在各种大赛中频频获奖，轻轻松松地考进名牌高中。但是进入高中以后，小忧开始变得不爱交朋友，总是独自一人，跟不上学习的进度，成绩不断下滑，以致最终对考试产生畏惧心理。

对那些孩子还处于学步阶段的妈妈来说，这可能听起来像一件遥远的事。但是我之所以特意以这个高中生为例，是因为她的问题可能从幼儿学步时就已开始，我们无法排除这种可能。孩子还小的妈妈通常只为眼下孩子的捣蛋而烦心，而等孩子稍长一些，大多数妈妈就会为孩子的转变感到困惑不已。从未让自己操心的孩子一夕之间发生突变，让妈妈束手无策，措手不及。这种突变产生的根源比我们想象的深远。

不知道这能否解释为年幼的孩子缺乏“对第一次挫折的免疫力”，如果是这样的话，那问题就简单多了，只需要培养孩子的免疫力，事情就会迎刃而解。但如果这是自恋的问题，就不容小视了。

爱自己，极度的自爱就是自恋。认为自己是世上最美和最有资格被爱的存在，自己做的是世界上最了不起的事情，这是自恋情结的精髓所在。

这种情结人人都有，自古就有人将之寄托在神话故事中流传至今。自恋的概念在研究人心的精神分析领域十分重要，弗洛伊德在对婴儿的客体关系进行说明时提及这一概念，科胡特则从一个新的视角对其进行再解释。科胡特将20世纪七八十年代称作“自恋的时代”，可见自恋已成为与时代潮流密切相关的热门话题。这一时期，虽然整个社会经济状况转好，但家庭中子女的数量骤减，家庭的模式逐渐向核心家庭发生转变。

这是否也是新旧时代在子女的养育问题上产生冲突的重大原因之一呢？旧时代谴责新时代对孩子的自由式教育，而新时代希望培养一个自信和自恋的孩子。乍一看二者似乎并没有交集，但事实上它们有时就像硬币的两面。我并不想评判哪种教育方法好哪种不好，也不想偏袒哪一方。自古以来，新旧时代就水火不容，新时代攻击旧时代的故步自封、墨守成规，旧时代不屑新时代的放荡不羁、自由放肆。这意味着时代是不断变化和发展的。

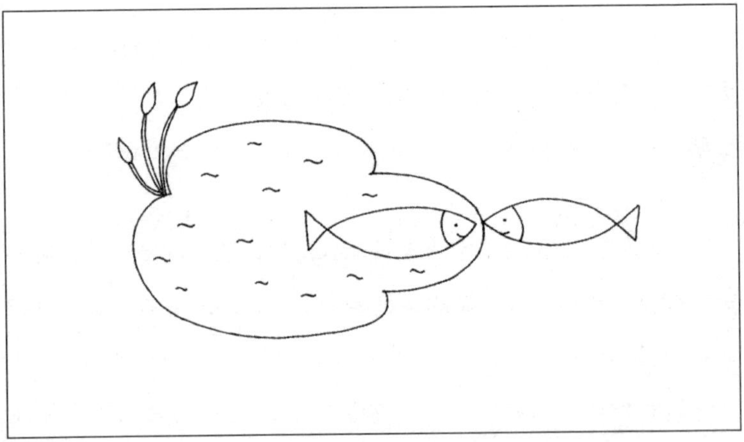

而我们需看清的是更为本质的内容。

2. 那喀索斯的传说

很久以前，树林中住着一个名叫那喀索斯（Narcissus，水仙花，自恋者）的漂亮精灵，因为沉醉于自己在水中的美丽倒影，最终溺水而亡。

故事虽然简单，但其中包含了复杂的心理过程，不禁让我想起现今社会，表面看起来光彩照人的演艺圈中不时爆出明星自杀事件，令人羡慕的社会成功人士上演自杀悲剧。

自杀绝非易事。哪怕只有一个真心帮助和爱护自己的人，我们也绝不会走上自杀这条不归路。爱上自己的影子以至于溺水而亡，那喀索斯的悲剧是否起因于没有真心爱自己的人，这点我们无从得知。表面华丽而内心空虚，这是自恋的悲剧。表面的华丽可能是为了掩饰内心的空虚，为了摆脱独自一人时侵袭而来的空虚感而竭力在人前表现得华丽无比，这是自恋的影子。

3. 自恋：心理上的安抚奶嘴

无论是谁都希望有人宠爱自己，夸自己漂亮可爱。在这种心理的驱使下，我们通常会将自己看成一个客体，即自我客体。孩子吮吸手指或把玩自己身体的某一部分来纾解自身孤独的行为也源于此。所以自恋亦可表述为类似于“吸吮心理上的安抚奶嘴”

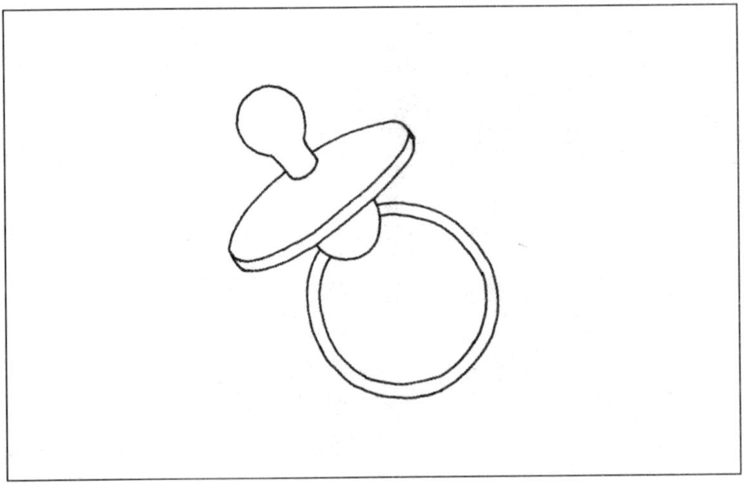

的行为。由于心理上的饥饿而把某种东西塞到嘴里吸吮，但实际上这种空虚并未得到解决；或是单纯地只想拿些什么来消除自己的饥饿感，而吸安抚奶嘴会让孩子马上再次感到肚子饿。无论是爱还是食物，渴望得到满足的心理就是自恋的属性。

如果没有人关心自己的话，正如温尼科特所说的，自己的欲求会遭到忽视，转而敏感于他人，即妈妈的欲求，最终丢失自我，为他人而活，陷入“假我”人生。如果没有人满足我们的需求，我们就要自力更生。被爱和受到肯定对孩子来说有时就像生命一样重要，为了得到满足，孩子会不惜一切代价。即使自己肚子饿还是把饼干让给弟弟就是为了得到父母的夸奖和关注。考试期间担心、紧张到失眠，与其说是因为自己想考个好成绩，不如说是出于对因没考好而无法得到父母肯定的畏惧心理。表面上表现为一个模范生，但实际上却“目的不纯”，这其中存在较大问题。比弟妹身上的可爱或学习新鲜事物的趣味更让孩子贪恋的是父母的肯定，他们最担心的就是父母的视线不在自己身上停留。

从这一层面出发，上文提到的小忧的案例就无法简单归结为免疫力的匮乏了，反而应将小忧看成一个疲于满足妈妈无尽欲望的孩子。如果说对学习的兴趣和探索未知的趣味是孩子的主要目的，那他们就不可能只因考砸一两次考试而崩溃至此。虽然孩子会对自己感到失望、埋怨不已，但马上又会重整旗鼓，即使多花些时间也绝不会放弃。而上述事例中孩子一蹶不振的情况是自己的失望和父母的焦虑所造成的双重压力已经超过了孩子承受能力的结果。

在治疗过程中，小忧说自己从来没有受到过妈妈正式的夸奖，妈妈一听便答道：“是怕你会骄傲自满才没有夸你的。”

有一种训练秃鹫这种猛禽的方法，非常简单，那就是狩猎前绝不将它喂饱，即使它猎来食物也只给它一部分以供食用，只有这样它才有动力继续去寻找别的猎物。而父母认为这也是爱的一种。不错，这的确是这些父母爱孩子的方式，但这种爱的方向似乎偏离了正道。

我们暂时先将这种走偏的爱置于脑后，对正常的自恋发展过程作一番了解。因为只有了解了正常的方向，我们才更容易看清这种走偏的现象。

4. 正常发展的自恋

“小捣蛋”总是在和姐姐们玩耍的时候哭闹捣蛋。虽然他已经到了能够和别人一起玩游戏的年纪，但是和比他大四五岁的姐姐们比起来实力过于悬殊，所以玩游戏的时候总是输给她们，而姐姐们也不会轻易让步。眼见就要败下阵来的时候，“小捣蛋”就会耍赖；到游戏快结束之时，他就会哭着喊着打翻游戏；不仅如此，出去玩耍的时候稍有不满就躺在地上赖着不起来；一家人一起出去游玩的时候也一样，一不高兴就赖皮捣蛋起来，让大家无可奈何。

自恋是婴儿发展成长过程中出现的正常现象。“我是世上最棒的”“我是世上最漂亮的”这种认知，以及“要是爸爸妈妈知道就好了”这种心理，在孩子成长过程中的某一时期会达到顶峰。大概就出现在肛门期向性器期转变之前，即快满三岁之时。因为差不多出现在性器期，所以也被称为“性器期自恋”（Phallic-Narcissism）。

三四岁的孩子必须要翻越的一座大山就是“自恋”，即克服相信自己是“世界上最棒”的心理。这不同于“比任何人都厉害”的认知，并不是一种比较的概念，而只是单纯地相信自己就是最棒的。这个时期的孩子虽然不知道什么是什么，但他们始终坚信自己就是最棒的，全世界都必须围着自己转。这种心理让孩子们在游戏中耍横赖皮，或把错误全都怪到妈妈头上。

这些都属于孩子的正常发展过程。如果把整个儿童期比喻成一座山的话，可以说性器期自恋就是这座山的顶峰，往后就开始走下坡路了。进入性器期之后，孩子应该在与爸爸和妈妈的三者关系中认识到妈妈不再是“我的爱人”，而且自己正处于弱者的位置上。他们逐渐醒悟过来，即使极不情愿也要装作拥抱弟弟妹妹，想要维持友好的朋友关系就必须学会让步。想要今后能够在挫折面前屹立不倒，孩子就要有站在自恋的顶峰上高喊自己最棒的经历。经历过这种喜悦，孩子才有力量承受世界上不完美的事物，即使遇到比自己更优秀的人，也不会产生过于强烈的挫败感。

面对孩子“我最优秀”的呼喊，父母应该像回声一样给予赞同的回应：“是啊，我的孩子是最棒的。”即使父母不提醒，孩子在进入社会之后也会面临无数的挫折。现实中，每当孩子遭遇挫折，父母都应该拍着孩子的肩膀，一边安慰鼓励，一边再次将他们送到挫折面前。这被科胡特称作“适度的挫折”（optimal frustration），即孩子在可承受范围内受到的挫折。

自恋不是罪。父母担心听任孩子的要求会让孩子养成不好的习惯，但事实上，放纵孩子一两次并不至于让孩子变成一个没规没矩、骄纵的人。这反而跟父母的成熟程度紧密相关，特别是当父母的自恋心理反射在孩子身上时就会出现问题。孩子“我想做好”的意愿和父母“你一定要得第一”的欲求存在本质的差异。即使孩子一开始自己很感兴趣，但一旦父母的期待和焦虑介入，成为孩子的负担，那么孩子就会失去兴趣并感到吃力。

5. 缺乏同感的献身

孩子的自恋属于正常的发展过程。问题出在父母的自恋情结上，当父母企图通过子女来满足自身的心理饥饿感时，子女就会陷入痛苦的深渊。

“同感”是一个让人感到温暖心窝的词。所谓同感，顾名思义，“彼此的感受或感想相同，了解彼此的心意”。对他人的悲伤感同身受，使对方不感到孤独，成为对方的慰藉，这就是“同感”的含义。

科胡特将孩子发展过程中出现的所有问题都归咎于母亲无法理解孩子的心意，不站在孩子的立场考虑问题，即“同感的缺失”。当然，现在这已经无须由我再来老生常谈了，虽然几乎所有研究发展理论的人都这么说，但想要正确理解这句话并不简单。特别是“献身”和“同感”虽然在别人看来并无差异，但二者并不是一回事。大多数情况下，孩子虽然表面上看起来健康成长，非常优秀，但内心，即精神上存在着巨大的自恋型障碍。这种问题从表面上是难以分辨出来的，直到全校第一的孩子突然自杀，或者社会上被寄予厚望的优秀人才因在升职中被淘汰而自杀等这种悲剧出现后，我们才产生“怎么会这样”的疑问。

科胡特谈论了献身型母亲和在这种献身中成长的孩子，特别是优等生可能经历的自恋的痛苦，“缺乏同感的献身”，以及子女沦为满足母亲自恋性欲求的工具之悲剧。事实上，科胡特的人生经历就是一个例子。科胡特是家里的独生子，妈妈自然献身于培养自己唯一的儿子，只不过这种献身是有条件的，那就是他必须成为一个令人自豪的儿子，不能爱除了妈妈以外的其他任何人。这种有附带条件的献身对小科胡特来说逐渐成为圈禁自己的监狱。他失去了爱别人的权利，特别是父子间的幸福被剥夺；作为一名外貌出众且医术超群的医生，却长期孑然一身。

即使不说，孩子们也知道父母对自己抱着什么样的期待，或者说，孩子们知道该如何做才能获得父母的爱和肯定，即使无人告知，他们也能透过皮肤感觉到。有的孩子相信即使亲一亲爸爸妈妈，他们也会无比宠爱自己；反之，有的孩子则认为，辛苦挣一辈子钱，给父母买香车豪宅，他们才会高兴。即使在同样的父母膝下长大，如果孩子们在父母心中所住的房间不同的话，这种想法的差异就会产生。并不是孩子的个人感觉不同，而是父母对不同孩子的期待存在差异。

我在心理治疗领域接触到不少这种案例，这让我不禁开始思考：韩国社会中人们内心的痛苦是什么？其实像韩国父母那样献身子女的社会并不多见，也难怪美国总统会对韩国的献身型妈妈表现出无尽的羡慕之情了，而且还是在公共场合。

如果没有“我的孩子最棒”的想法，不对孩子抱有“代替自己实现未达之愿”的期待，父母怎么能经得住养育子女过程中的种种艰难呢？如果在养育孩子过程中，父母只能同感于孩子的欲求，那么我想世上大概没有比这更“苦涩的事”了。孩子对父母抱有“依恋”，反过来，父母对孩子的“执着”也不容小视。从孩子还在娘胎里的时候，双方就开始互相依恋。虽然我们都说孩子依赖于父母，但父母对孩子的依赖心也不小，不过是给予和接受的差异而已，二者是共生的关系。当父母的献身以这种依赖感为基础时，孩子就难以逃脱。

父母，特别是母亲和孩子的关系比其他任何一种关系都更为坚固、更为紧密，因此要想在母亲的意愿和孩子的意愿之间划清界限是不可能的。即便如此，我们还是要试着将二者区分开来，因为这对孩子的健康成长十分重要。表面看起来可能差异不大，但是内部存在着巨大的不同，孩子的“自我成熟度”也深受此影响。

6. 管教和适度挫折的关系

人活在世上，经历挫折是必需的，经历挫折的方式决定了挫折对我们的利害影响。我们在管教孩子的时候不可避免地要让他们经历一定的挫折，但是在孩子受挫之后，我们的首要任务就是关心和理解他们的内心。适度挫折指的是符合孩子承受能力的挫折，每个孩子的“度”都各不相同。

“没有人能战胜一个耍赖的孩子。”

“孩子固执起来让你无计可施。”

看待的视角不同，同一行为也可有多种诠释。管教和挫折也

不例外。在父母立场上，为了好好教育孩子而施予的管教，在孩子的眼中却成了阻止自己随心所欲的挫折。从在这场关系中处于弱势地位的孩子的立场上来看，管教甚至可能被理解成“妈妈讨厌我”。

孩子想尽办法要做的事在父母看来是固执和任性，这是父母和子女之间隔阂的开始，而且这种隔阂并不会因孩子学会说话而消失。

在进行语言交流之前，父母和子女之间就已经开始了长期的信息互递，也许称之为“无意识的行为”更加准确。爱得越深，关注越深，二者间无意识的非语言交流就越频繁。在孩子学会说话之前，如果父母和孩子无法交流，那么即使孩子学会说话，二者之间也难以进行深层次的精神对话，因为语言只是一种情感表现方式而已。所以，我们不能借口孩子不会说话而拒绝深入探究孩子想要表达的意思，我们必须学会读懂孩子传递的非语言信息。这种能力被温尼科特称为“母性本能”，即科胡特所说的“同感”。

无论哪座山都既有上坡路又有下坡路。孩子的成长发展过程同样如此，就像登山，爬上顶峰之后，下一条必然是下坡路。3岁左右的孩子开始自我膨胀，在达到性器期这一顶点之后，转而开始走向萎靡。在自我萎缩的过程中又会出现一段整顿期，被称为“自我的巩固时期”（ego crystallization）。

在婴儿期的成长达到高峰期之前，我们应该避免对孩子进行过于严格的管教。原因在于管教会给孩子带来焦虑，特别是伴随着恐惧的焦虑，其具体解释我们将在后文讲到。因此，在孩子长到3岁左右，能听懂大人话之前，我们最好还是不要急于对其加以管教。尤其是两岁左右时，孩子的固执或攻击性大多源自人类本能或尚无法随心所欲支配身体的焦躁。他们的本意并不是要向谁发火或伤害谁，这只是他们对自己身体内部的不和谐进行发泄的结果。这时如果我们严加训斥或管教，孩子就会对外部世界产生畏惧心理。

对于管教的适当时期，大家众说纷纭。从心理发展或大脑发展的角度来考虑的话，大致是在3岁左右。有研究报告显示，男孩大脑发育相对比较迟缓，自制能力比女孩更差。以此研究结果为参考，男孩的管教期应该更加延迟了。

每个人年轻时都怀有自恋情结，年轻气盛，野心勃勃，梦想拥有全世界。是专家的话，就想要成为自己所属领域中的佼佼者；是妈妈的话，就想自己的孩子成为最棒而让人羡慕。但是事实上，野心的满足并不代表幸福感的扩大，达成所愿的那一刻却顿觉毫无价值和意义。因为这种种原因，人们在自我的内心或人际交往中经受了无尽的痛苦和折磨。如果我们能够领悟这一点，那么我们就再不会贪恋自恋的宝座了。到那时，我们就会转而做一些更有价值的事情，为自己，为家人，或者为那些真正需要帮助的人。这应该就是懂事的过程吧，又或者是我们长大了的证明，不经历就无法领悟的真理。

成为一个母亲的过程不也正是如此吗？初生婴儿动动嘴发出点儿声音，妈妈就以为孩子在叫“妈妈”，并为此惊讶不已，因此认定自己的孩子是天才儿童，想要把他培养成天之骄子，希望孩子长大后能光耀门楣……这就是父母的期望。要是没有这种自恋心理，他们哪里敢轻易踏上为人父母的艰难旅程。

适当的自恋支撑着父母去忍受育儿的辛苦，但是父母心怀自恋的同时还必须注意的一点是不要将孩子变成一个空壳。孩子做得好的时候要真心为他们高兴，和孩子一起分享这份喜悦，让他们感到满足和幸福，而不是一味在他人面前炫耀。

怕孩子骄傲自满而故意吝于称赞，心怀这种想法的父母首先需要做的是反观自我，进行自我省察。

精神分析家的理论和人生2

在同感中成长的孩子

海因茨·科胡特

Heinz Kohut（1913—1981年）

位于德国某城市的一栋安静的房屋中，舒适的客厅里，爸爸弹着钢琴，妈妈在一旁和着琴音而歌，外婆抱着一个小孩坐在沙发的一边，面带微笑。

这是海因茨·科胡特记忆中的一个家庭生活场景。科胡特的父亲是一位专业钢琴演奏家，母亲是一位豁达开朗的女性。二人因彼此相爱而步入婚姻的殿堂，生活幸福美满。但是好景不长，科胡特出生后第二年，第一次世界大战爆发，父亲随军远征，于是科胡特和母亲便搬到外婆家生活。在俄狄浦斯情结（恋母和弑父都属于俄狄浦斯情结。俄狄浦斯不认识自己的父母，在一场比赛中失手杀死了父亲，又娶了自己的母亲，在知道真相之后，因承受不了心中痛苦而自杀。心理学用来比喻有恋母情结的人，有跟父亲作对以竞争母亲的倾向，同时又因为道德伦理的压力，而有自我毁灭以解除痛苦的倾向。）形成的重要时期，父亲没能守护在小科胡特身边。也有人说这种经历成为日后科胡特从不同于弗洛伊德的角度出发，创立新精神分析理论——自体心理学（self psychology）的基础。父亲在战场上负伤，在接受治疗的过程中一时迷恋上了照顾自己的护士。对此气愤不已的母亲收回了对父亲的爱，二人自此成为一对表面夫妻。幼时因客观原因父亲不在身边，后来又因父母关系的破裂而失去父亲的关爱，在这种状态中成长起来的科胡特并不了解所谓的俄狄浦斯矛盾意味着什么，能够和父亲相互影响的机会因为母亲的关系而被剥夺。遭到母亲的淘汰和仇视，在家中处于被忽视地位的父亲让科胡特感到心疼不已，虽然科胡特不能在现实中与父亲多多亲近，但是他一直都以父亲为榜样。

科胡特的母亲将从丈夫身上收回的爱转到唯一的儿子身上，她将所有的一切都献身于外表、学习、艺术无一不精的儿子。科胡特也渐渐成为一个诚实优秀的天之骄子，高中毕业后考进了维也纳的医科大学。大学期间，比起医学专业课程，科胡特将大把的时间都花在一些课外的事情上，但是他从未对交女朋友产生太大的兴趣。可能是不想像父亲一样，因一个女人而遭到母亲的漠视。科胡特结婚比较晚，结婚之前他几乎没有交过女朋友。他沉迷于音乐和文学，身边的好朋友都是男性。

科胡特24岁那年，父亲去世了。第二次世界大战爆发，犹太人遭到日益严重的压迫。科胡特前往美国芝加哥安定下来之后，将母亲也接了过去。经历多重磨炼，科胡特在40岁时成为一名前途无量的精神科医生。之后，他开始涉足精神分析领域，希望能找到办法纾解事业上的成功也无法满足的心理空虚，理清与母亲之间剪不断的关系。

成为一名精神分析家后，科胡特一直都坚持弗洛伊德的理论观点。但他发现光靠弗洛伊德的理论还不足以解释说明自己的忧郁或空虚之感。他从小生活在一个没有父亲，即与父亲产生矛盾的根源被阻断的环境之下，在醒悟过来母亲的行为阻碍和扭曲了自己的人生发展之后，科胡特的后半生都为摆脱母亲的管制和影响而活。

可以说，科胡特脱离弗洛伊德学派另立门户，在创立自体心理学理论的背景中，从母亲那里受到的影响起着绝对的作用。科胡特在自体心理学中，将精神病理，特别是自爱型性格形成的原因归结于“母亲错误的养育方式”，其中最重要的原因在于母亲没能对孩子产生同感。科胡特的母亲也是一个表面上看起来将一切都献身于孩子的母亲，这种献身总是附带着前提条件，那就是孩子必须成为“妈妈心中的理想儿子”。当条件无法得到满足时，母亲就会表现得十分残酷，就像她对待父亲的态度。因此，为了不成为母亲的靶子，科胡特必须付出全身心的努力。

在这种令人窒息的母子关系中科胡特度过了青少年时期，因为母亲的关系没有机会去体验与父亲竞争的俄狄浦斯情结。科胡特的人生经历不难让我们猜到他不得不脱离弗洛伊德式俄狄浦斯情结理论的原因。

科胡特主张不断对自恋型人格障碍患者产生同感，这在当时遭到巨大非议。自恋型人格障碍患者有夸大自己在社会中的名望和成就的倾向，传统的治疗方法对他们无效，以致大部分患者都带着对治疗者的指责离开，治疗者通常将他们列为精神分析治疗疑难案例。

20世纪七八十年代，精神分析的历史性现状使专家们得以重新思考父母“教育”或“管教”问题。科胡特用自己的方法对有自恋型人格障碍的人进行分析和治疗，取得了较大成功，不仅有助于拓宽精神分析治疗领域，而且对理解当时开始出现的核心家庭化现象和这种倾向引起的问题带来较大帮助。

去世的前四天，在学会的最后一场演说中，科胡特介绍分析了超越自恋型障碍而陷入忧郁症的患者案例。

其中有一个患者不会说话，没有任何与外界联系的纽带。科胡特借给他两根手指，他的感觉通过两根手指才得以传递。那种感觉完全没有任何重量，就像尘埃一般，就像“吸吮安抚奶嘴”。

“该患者退化到了学会说话之前那种什么都做不了的状态，我借给他的两根手指成为他与别人建立联系的一根救命稻草。”

这就是科胡特所说的“同感”。

科胡特36岁时，娶了一个外貌极为平凡的妻子。婚后科胡特对妻子爱护有加，尽一切努力，在唯一的儿子面前毫不保留地展现出一个自己心中的理想化父亲形象。拥有幸福的家庭和卓越的业绩，家庭事业双丰收的科胡特有一个始终不曾抛弃的习惯，那就是每天工作结束回到家后，摒除一切干扰和阻碍，坚持听两三个小时的音乐。这是为了填补在母亲那里未曾体验过的“同感”，还是出于对没能走上音乐家之路的父亲的思念，我们无从得知。

活在幻想中的孩子

婴儿的内心分为两个部分，好的部分和坏的部分。
他们将内在自我无法承受的坏的部分投射到外在客体上，
妈妈应该对此予以包容和认同。
如果因无法消化而将之返还给孩子的话，
孩子就会感到巨大的焦虑。
—梅兰妮·克莱茵—

梅兰妮·克莱茵，儿童精神分析研究的先驱，最早将游戏引入儿童精神治疗，首先提出客体关系、母婴关系概念，在精神分析领域开辟出一番新天地，是一个魄力十足的女性精神分析家。前文中提到的温尼科特和因依恋理论而著名的鲍尔比等有名的客体关系理论家们大都受她影响，足见她对这一领域带来的影响之大。

第一个提出母婴关系中孩子的内心世界如何发展形成这一疑问的人就是梅兰妮·克莱茵，她也是第一个认为通过“游戏”能够读解甚至治疗孩子内心的人。在通过游戏分析孩子的过程中，获得了大量与孩子的世界和孩子内心的形成、发展过程相关的灵感。

克莱茵自己有3个孩子，她以养育孩子过程中获得的体会和自己亲身经历的精神世界为基础，刻画了一个婴幼儿的理想化精神世界。尤其对婴儿表现出的无意识的恐惧和攻击性，以及这二者如何对孩子自我发展产生影响这一问题做了深刻探讨和详细的解释说明。

梅兰妮·克莱茵提出，孩子从小就有将自己的情感状态编成故事的倾向，从自己的身体状态开始，例如，肚子疼的状态被孩子编成“坏人在肚子里折磨自己”的故事。有趣的是，在孩子们的假想中总是存在一个“某人”（客体）。吃饱以后舒服满足的状态被孩子想象成身体里有一个“天使”（好的客体），肚子饿而难受的时候孩子就想象身体里有一个“恶魔”（坏的客体）在折磨自己。这种将所有东西进行“拟人化”的过程从很小的时候就开始了。

我儿子小时候用的一个东西我一直保存至今，是一套手掌大小的小机器人模型。孩子总是一手抓一个机器人玩耍，嘴里不时嘟囔着些什么。你要是问他那是什么的话，他会告诉你一个是“坏人”，一个是打坏蛋的“正义的勇士”。一只手抓着机器人快跑，另外一只手就拼命地追，在沙发上滚来滚去，两手在空中不停挥舞，乐在其中。

孩子将自己的情感拟人化之后表现在游戏当中。游戏中故事的主题通常都是“善”与“恶”，故事的开头大致都是天使受恶魔的折磨，而结尾一般都是正义的使者赶走坏人。“恶魔”反映了孩子内心对可能受到自己无法控制的力量的威胁所产生的恐惧，“正义的使者”则表现出孩子面对敌人、想要战胜敌人的攻击性。

孩子的内心分为两个部分，好的部分和坏的部分，善的部分和恶的部分，这种好坏善恶逐渐发展成为喜怒哀乐，最终成为情感的综合维生素。

1. 喜甜怕苦

孩子将自己的情感分为好坏两种的原因非常简单，好的情感状态要变成自己的非常简单，而坏的情感状态却令人难以承担。最难以忍受的是身体的平衡被打破的状态，例如饥饿、寒冷、尿布湿了等不适感都会引起身体的不平衡，诱发孩子的不快。婴儿无法承担更无法解决这种不平衡状态，他们只能将自己体内形成的坏的情感赶出体外，即“把体内的坏蛋赶走”。“哭”这种行为就是将坏的自我部分——身体或情感驱逐出体外的过程。

肚子有点儿饿的时候，婴儿认为是“坏人在折磨自己”；有人给自己喂奶，吃饱喝足，心情变好以后，又产生“我身体里有好人”的联想。反过来，肚子饿到忍不住哭起来或者有人打自己屁股的时候，孩子又会改变故事情节，“啊，有一个更坏的坏蛋在折磨自己”。

因此而害怕的孩子哭得更厉害了，但是哭声却换来更重的惩罚，孩子所编的故事中，坏蛋也逐渐变成自己无法对抗的可怕恶魔，焦虑和恐惧的色彩开始在孩子的心中涂染开来。这是一开始单纯的身体上的不适逐渐转变成焦虑和恐惧的过程。焦虑是有不好的事情发生时身体发出的信号，恐惧意味着自己无论如何都无法承受的情况。克莱茵将这种焦虑称作“迫害焦虑”（persecutory anxiety），日后发展扩大成为分离焦虑等概念。

以这种单纯的肚子饿为开头，孩子可能产生不同的想象从而编出不一样的故事。哺乳让孩子产生美好的感觉，心情愉悦；哭泣和打屁股让孩子联想到可怕的恶魔。虽然整个过程被极度简化了，但是孩子的情感就是在这一过程中丰富起来的（事实上我们无法确认还不满两岁的婴儿是否会产生这种想法，但至少我们能够在三四岁大的孩子玩游戏时充分观察到）。

这就是“自我形成”的过程，是将来自尊和自信等品质的原型。

2. 都怪妈妈

“小埋怨”好不容易跟着妈妈出门去购物，一想到要去的地方有自己想要的玩具，“小埋怨”从妈妈给自己穿衣服的时候就开始激动不已。下车后，“小埋怨”急切地拖着妈妈的手往前走，因为跑得太快不小心摔倒了，膝盖摔破了，还流血了。见血了的“小埋怨”又疼又怕，十分伤心，于是冲着妈妈大喊：

“都怪妈妈！”

这是孩子们在一段时期内经常使用的一句话，肚子饿怪妈妈，走路摔跤了也怪妈妈，甩开妈妈的手执意要自己走，最后摔跤了还要怪妈妈。克莱茵认为，这是所有孩子都会经历的极为正常的一个发展阶段。

“好的都是我的，坏的都是妈妈的。”孩子们把不好的东西怪到好欺负的妈妈头上，通过这种方式将自己无法承受的坏的情感赶出体外，而并不是因为他们讨厌妈妈。妈妈是照顾“我”的客体，所以孩子只不过是将自己无法承受的情感发泄到妈妈身上而已。

妈妈别无选择，只能做孩子不适情绪的容器，说得好听点儿是“洗脸盆”，其实就是一个“垃圾桶”。温尼科特将之表述为“抱持”（holding），比昂称之为“容纳”（container）。

克莱茵指出，婴幼儿心中不仅把自己的状态分为好的与坏的，还把妈妈也分成好妈妈和坏妈妈。起初孩子只是进行简单地分类，肚子饱的时候是好妈妈，肚子饿的时候是坏妈妈；心情好的时候是好妈妈，心情不好的时候是坏妈妈——完全随意分类。妈妈被分成好、坏两个，这样孩子就能根据自己的心情编好妈妈与坏妈妈的故事了。

随着认知能力不断得到发展，孩子开始认知外部事物。当他们认识到有人照顾自己时，起源于幻想的“编故事”行为就开始逐渐具体化和现实化。认识到肚子饿的时候给自己喂奶的人、睡觉的时候陪在自己身边的人是妈妈之后，就会喜欢“这个妈妈”。小孩子把妈妈分成两个的原因非常简单，他们想要保护好的妈妈，想要保护自己不受坏的情感伤害，因为脆弱的自己无法承受。

3. 走向成熟之路

小孩子把心分成两个部分的行为有着非常重要的意义。因为无法承受坏的情感而在心里竖起隔板，把好的与坏的分隔在两个房间里。既保护了好的情感，又能够把坏的情感发泄至体外。通常情况下，孩子们投射这种发泄物的对象都是母亲。

随着孩子的逐渐成长，他们需要解决的一大难题就是把这两部分心合二为一。为此我们需要做一道算术题，很简单的加减运算。假设好的经验（妈妈）为圆，坏的经验（妈妈）为叉，我们只需要数一数这些符号的个数即可。圆的个数多于叉的个数时，孩子才能获得“我不错和妈妈不错”的认知，带着这种认知重新起航，继续向前。如若不然，孩子将永远带着一颗被掰为两半的心生活，或者一生都与心中剩下的“坏的经验”做斗争。

可以说，“正义的使者”赶走“坏蛋”的游戏反映了孩子的这种心理，这是孩子自身为净化情感而做出的努力。

孩子的两瓣心

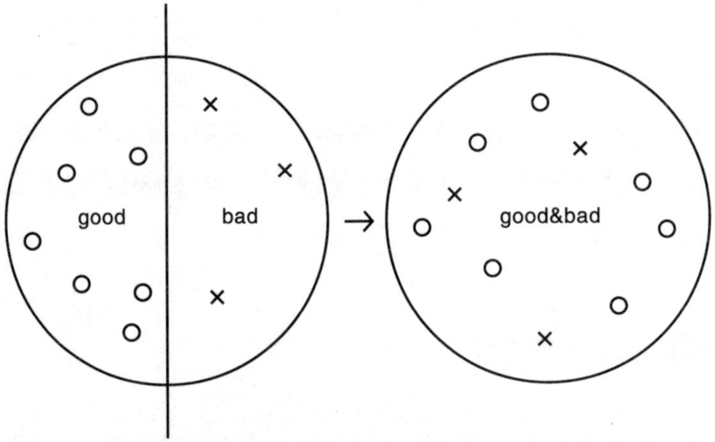

4. 心灵过滤器

在计算的过程中，“不错的经验”的个数取决于妈妈的作用。妈妈不仅要做接受孩子情感发泄物的容器，还必须做一个“情感的过滤器”。换言之，妈妈将坏的情感接收过来之后，将其净化成好的情感，再重新返还给孩子。

如果妈妈不是过滤器，而是一个乒乓球拍怎么办？结果显而易见，妈妈和孩子之间会上演一场心理乒乓球赛。如果孩子扔给妈妈的球（坏的情感）总是被妈妈反弹回来的话，孩子的不适就会变成不安和焦虑，最后不断扩大成恐惧。孩子无法自己一个人睡觉，害怕去幼儿园或者学校，这种不安和焦虑可能就是起源于肚子饿这种不快的感觉。当然，无论是身体上的不适，还是来自本能的攻击性，原因都有可能在孩子自己身上。但是，鉴于孩子没有自行净化情感的能力，问题最终还是不可避免地回到父母身上。

心灵过滤过程　母婴之间

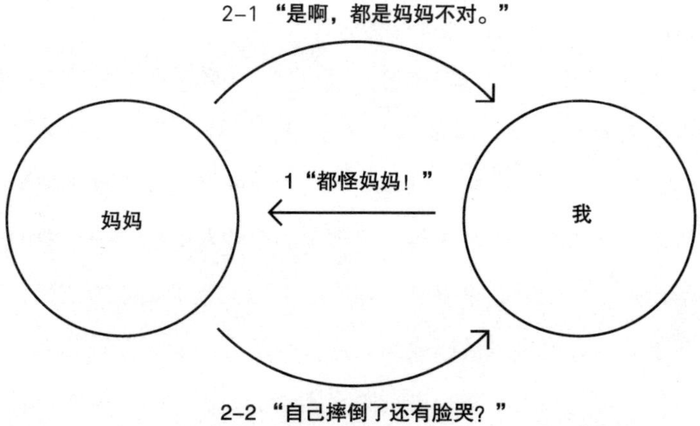

不管边与边组成的角度是多少，角的顶点位置始终由我们决定。角的边越长，两边之间的距离也越远，甚至变得遥不可及。青少年和父母一起来找我进行心理咨询的时候，我有时会感到十分可悲和惋惜。父母和子女之间水火不容，关系恶化到需要求助于心理咨询和治疗的地步，而他们之间矛盾产生的根源真的有可能只是身体上的一些微小的不适。婴幼儿期是孩子“情感电路”形成的时期，这一时期的经历虽然琐碎但却十分重要。因为孩子的情感中喜怒哀乐的线路都是在这一时期形成的。悲伤线路较多的孩子通常会变得难以在一些普通的事情上获得幸福感，在成长过程中缺少满足感的孩子通常会因小小的挫折而一蹶不振，成为一个没有弹性、恢复能力较弱的人。近来，“积极心理学”已成为一股潮流。虽然“积极心理学”一词让人心生希望，但这种“情感的线路”在婴幼儿时期就几乎业已形成了。这也是为什么它虽然给绝望的年轻人带来希望，但已经成年的他们再怎么努力也难以领会。不理解深层次动力关系的这种“流行语”终将消失。

这一过程与日后孩子们的“超我”，即道德观念的形成过程也紧密相连，这再次证明了其重要性。孩子心中将形成什么样的超我，宽容的还是严格的，都与这一时期的经历息息相关。换言之，这一时期的经历将决定孩子心中住着的是一个仁慈的老爷爷还是一个残酷的审讯官。如果心中形成过于残酷的超我，那么孩子的内心将难以健康成长。这种孩子可能表面上看起来“很懂事”，但其实内心对打破规矩充满恐惧，因害怕犯错而谨言慎行。更糟的情况是，孩子可能变成一个没有道德性的人。乒乓球赛太过激烈的话，孩子将无法承受由此产生的恐惧。孩子将自己无法承受的焦虑投射给妈妈，妈妈不仅不进行接收和净化，还附带上自己的焦虑一并返还，以致孩子最后关闭这扇门，阻止无法承受的坏的情感向外发泄。其结果将不堪设想，孩子做错事情却不知反省，毫无负罪感，表面上承认错误但仍然不知悔改。

这样被囚禁在内心深处的部分不会随着孩子年龄的增长而发展成熟，这正是“成人宝宝”“大小孩”等称呼出现的原因。

5. 好孩子和坏孩子，心理上的连体婴

如果没有替孩子净化难以承受的情感的过滤器，孩子就无法将两部分心整合起来，最终只能选择半颗心。选择都是圆圈那半颗，成为一个听话的好孩子；或者选择都是叉号的那半颗，成为一个让人伤脑筋的坏孩子。好孩子和坏孩子虽然行为举止截然不同，但他们有一个共同点，那就是“缺乏”，即他们婴幼儿时期都不曾有过情感的过滤器。

父母通常认为，好孩子更容易带，孩子听话就说明自己教得好，其实这并不是绝对的。像这种只带有“半颗心”的孩子进入青少年时期后突然性情大变，最后只能求助于心理咨询的案例并不少见。这对父母来说可能是晴天霹雳，但对孩子而言，这是他们想要寻找“自我”的行为体现，因此他们反而觉得庆幸和高兴。当父母无法接受这种变化，把它当成问题来看待，并试图重

新把孩子束缚起来时，矛盾就会产生。潘多拉的盒子一旦打开就再也无法恢复原样了，尤其是青春期打开的盒子。

好孩子和坏孩子之间存在共同点，所以有时他们能够互为伙伴，可能成为友情真挚的好朋友，也可能成为恋人。乖乖女被坏男人吸引的现象时有发生，这是乖乖女心中被隐藏的那半颗心向坏男人发射丘比特之箭的结果，这种组合的夫妻也并不罕见。此外，还有被隐藏的另外半颗心向自己的子女发射的情况。

"叛逆儿"是一个小学五年级的小男孩，他总是跟爸爸顶嘴，在学校稍有不满就收拾书包跑回家。爸爸妈妈说他天不怕地不怕。爸爸为了让他成为一个有礼貌懂规矩的孩子，从小对他严加管教，但随着年龄的增长，他越来越不受管制了。爸爸因为不去学校的事情对他稍加训斥，他就公然顶撞。无计可施的妈妈于是带着二人来进行心理治疗。爸爸的想法是"坏的枝丫"一定要趁早修剪，孩子则把爸爸看成一个暴君，妈妈当然是站在宝贝儿子这一边。在交谈过程中，妈妈说自己去了很多地方治疗但是都没有用，哭着恳请我帮助她的孩子。显然她是一个温柔善良的妈妈。

不同于爸爸和学校老师口中"攻击性行为严重"的陈述，心理测试结果显示，孩子心中恐惧和焦虑的成分占比重更大。特别是在完成句子一题中，在"如果听见爸爸进来的声音"后面，孩子写着"我就会检查口袋里有没有小刀"。当被问到为什么这么写时，孩子说爸爸曾经拿刀顶着自己。问他当时的心情如何时，他说当时的想法就是爸爸说不定会杀了自己，直到现在这种想法仍未改变。问他当时妈妈在哪里的时候，他说妈妈在妹妹的房间抱着妹妹哭。

在这种情况下，针对孩子的问题言行或攻击性做出治疗是没有任何意义的，父母的教育也几乎无用。首先需要理解家庭动力，然后家庭治疗和父亲的个人治疗双管齐下。虽然大家很容易把爸爸看成问题的核心，但更重要的是，我们需要明白在整件事情中，妈妈和爸爸分别扮演着好坏两种情感的连体婴。想要在家中生存下去，就必须像妈妈和妹妹那样温顺听话，而“叛逆儿”的性格本质决定了他必将成为爸爸发泄怒火的对象。爸爸和妈妈自身的情感被分离成好与坏两部分，没能得到统一。他们带着好或坏的半颗心，在这种不成熟的家庭动力中生活。妈妈天性温顺，没有能力平息丈夫的怒气，也没有能力成为孩子的挡箭牌。在这种环境中，“叛逆儿”无法健全成长的结果不言而喻。这里最重要的是母亲的无能，也许将妈妈的“温顺”理解成一种“不成熟”更为恰当也更具说服力。这就是必须进行家庭治疗的原因。

6. 孩子具有攻击性

如何应对孩子的攻击性

人们总说养育孩子就是要付出无限的爱，但是如果只是这样孩子就能健康成长的话，养育孩子就不是什么了不起的难事了。孩子如果能像宠物狗一样摇着尾巴对主人撒娇，听话地钻进主人的怀抱的话就省事多了。但是孩子至少在1周岁以后就会开始失去这种宠物狗的温顺乖巧。事实上，想要做一对成功的父母，比起关爱，更重要的是要懂得如何应对孩子的攻击性。甚至可以说，比起第三者，父母更难以应对和忍耐孩子的攻击性。

上文对攻击性已有所言及，但在对其进行系统阐述之前我们首先需要弄清楚，“乖巧”“听话”“牛脾气”，甚至“爱说谎”，这些描述有一个共同点——透过父母的眼睛看问题，即从父母的角度去看待和解释孩子的行为。孩子的一举一动都包含着重要的信息，包含着孩子向父母传递的重要情感。不仅如此，孩子的行为有时也是他们理解父母对自己所抱期待的结果。

现在我们重新回到攻击性的概念上。攻击性也分为很多种，面对孩子表现出的攻击性，有时父母应该正视孩子的眼睛，正面应对；有时父母应该包容和安慰他们隐藏在攻击性背后的恐惧。有的攻击性表现为“狮子”竖起“鬃毛”意图捕获猎物的行为；有的攻击性则体现在被拉上战场的年幼士兵，他们因害怕敌人的炮火而闭着眼睛一顿胡乱扫射。

“叛逆儿”的案例就属于后者。父亲可能伤害自己的认知让孩子感受到生命威胁，为了保护自己而体现出攻击性。在这种情况下，我们不能将焦点放在看似攻击性的孩子的问题行为上，理解孩子的恐惧才是首要之举，因为此时孩子的攻击性是为了摆脱恐惧，保护自己。第二步就是帮助孩子应对这种恐惧。做到这两点就能够大量减少孩子的攻击性行为了。

孩子表现出攻击性的原因也多种多样。弗洛伊德认为，攻击性和爱一样，是“天生的本能”；温尼科特将攻击性表述为“无情”。和爸爸玩得不亦乐乎时打爸爸耳光，无缘无故顶撞大人，这些行为都出自这种“无情”。而剩余的大部分攻击性则是欲求未得到满足或受到挫折的结果，例如孩子肚子饿的时候会发牢骚或打弟弟。

根据年龄和成长阶段，攻击性可进行以下分类。

1岁至2岁孩子的攻击性

克莱茵将孩子出生初期所具的攻击性和恐惧解释为某种循环中的一环。婴儿的攻击性源自先天的本能，孩子惊惧于自身所带的攻击性，希望将之踢出体外（一边说着“都怪妈妈”），如果没有人为他们过滤这种情感，进而循环，孩子就会陷入“有人会伤害自己”的恐惧之中。换言之，攻击性出自本能，在体外转一圈之后，变成恐惧回到体内。攻击性就是这种循环中的一环。

例如，孩子哭，可能是因为尿布湿了，也可能是因为肚子饿了。孩子所感受到的只是肚子有些奇怪，肚子里好像有什么让他们感到心情烦躁，所以哭了起来。哭是一种力量，帮助自己把心中的不快排出体外；是一种请求，向听到哭声过来帮助自己的人发出的求助信号。这时，如果有人抱着自己进行安慰或者帮自己换尿布，无论以何种方式让自己重新舒服起来的话，孩子就会恢复平静。反之，如果无论孩子怎么哭都没有人来安慰的话，孩子会被自己哭的行为吓到，身体本就柔弱娇小，再加上血糖降低带来的眩晕感，这一切会让孩子陷入无尽的恐惧。孩子将这种情况联想成“有人在伤害自己”，这时屁股挨打或呵斥的声音都无疑会雪上加霜，让孩子更加确信自己的想象。

如果这一问题没能得到妥善解决，孩子就将在今后的成长过程中逐渐表现出真正的攻击性，而这种攻击性的驱动力是为了保护自己，摆脱恐惧。

2岁至3岁孩子的攻击性

孩子两三岁的时候所体现出来的攻击性略有不同，温尼科特所说的“无情”可能表述得最为准确恰当。这一时期是孩子攻击性正式形成的阶段，他们已经学会了正确使用自己刚学会的几句话——“不要”“不是”“这是我的”“讨厌妈妈”……他们好像就挑自己需要的话学，着实气人。虽然父母可能会觉得孩子不听话、不乖，但这是孩子的正常发展阶段。这一时期体现出的攻击性是孩子“自信”（assertiveness）的源头，具有里程碑意义。此外，孩子的喜怒哀乐之情也是从这里开始逐渐具象化的。

“无情”让孩子玩耍达到兴奋状态之后会打妈妈，做不好什么事情的时候会一边拿头撞墙一边哭个不停。这种行为不是出自对谁的讨厌，而是由于身体运动能力还不够发达，孩子不能随心所欲地支配而带来的不和协造成的结果。如果孩子精力过剩，情况会更严重。父母一旦开始把这看成是孩子的坏习性，就会让自己陷入一种恶性循环。

应对“无情”行为的方法就是利用游戏促进循环。孩子“崩”的一声向爸爸开枪时，爸爸就应该“呃啊”地配合倒下（当然还要复活的）；孩子打妈妈时，妈妈应该哭着喊疼，在地上打滚——让孩子明白自己无心的行为可能会给对方造成伤害。比起使用语言，用游戏进行演示的方法更能在减轻伤害的情况下促进孩子的理解。

不管什么事，小孩子不分青红皂白地一边要赖一边责怪妈妈时，妈妈也不禁会心情烦躁、出口成“脏”。如此一来，包容和管教的分界线就难以把握准确了。不仅如此，孩子的行为有时即使是父母也难以忍受，甚至超越了成年人能够忍受的限度。另外，孩子的行为也将父母心中深埋多年的陈旧情感诱发出来，“忍耐”一词在这种情况下也变得苍白无力了。

3岁以后孩子的攻击性

3岁以后，孩子的攻击性体现出更强的竞争色彩，想比别人做得更好，比别人更受宠爱，这种欲望受到挫折的情况较多，因此这一时期的攻击性大部分与忧郁相关。

科恩伯格从精神病理学的角度对克莱茵的理论进行说明，对于爱情心理学，他认为“陷入爱情的能力和维持爱情的能力是不同的”。陷入爱情并不难，大部分情况下丘比特之箭都发射于一瞬之间，甚至病态的情况下也能产生爱情。不，越是如此陷得越深，就像小说或电影的主题。维持爱情之所以困难，是因为这必须以成熟为前提，我们必须学会包容这枚“爱情”硬币背面隐藏的攻击性。爱情越深刻，伴随的攻击性越大。如果无法接受这一点，爱情也将难以维持，除非是施虐受虐型的变态爱情。无论和谁交往都在感情达到同一阶段时分手，这种情况应该能够用这一理论进行解释说明。

来进行心理咨询的孩子大部分都具有一定的攻击性和冲动性，因为人们很容易将这两点扩大理解为问题行为。心理治疗过程中，在应对攻击性时通常需要考虑两点。第一，就是上文所说的攻击性的发展水平。因为通过攻击性的表现我们能够推测和判断出是从哪一个时期开始出现了问题。第二，仔细解读攻击性背后隐藏的情感。我们应该探究攻击性是否伴随着一些别的情感。当攻击性与恐惧一同出现时，在解决其攻击性之前，我们必须先安慰孩子的恐惧情绪；当攻击性与忧郁相伴而来时，我们要先理解他们的忧郁情绪，因为让人难以忍受的忧郁可能转变为攻击性。如果这些主要情感能够得到妥善处理，大部分情况下攻击性都能自然随之消失。

综上所述，如果想把孩子教育成一个温和、富于创造性的人，我们就不能“以暴制暴”，以强硬的暴力性行为去应对孩子体现出的攻击性。例如体罚；对孩子说“在大人面前顶什么嘴”“要是不听我的话就给我出去”以树立大人的权威；不给零花钱等卑鄙、幼稚的方法其实和孩子半斤八两。

喜怒哀乐须均衡发展。攻击性是不可或缺的力量供给，攻击性的缺乏会造成重要情感的营养不良。

7. 孩子的内心如何形成

我们通常以手画心来表达爱意。内心是如何产生的呢？这个问题也曾让我困扰了很长一段时间，被我们说成自我、自尊、自我尊重感等的内心是怎么产生的呢？

在学习了精神分析之后，谈到内心，我联想到的是一个倒立的尖筒帽，就像倒金字塔或陀螺。

每次我解释内心的时候都会画一幅草图。如下图所示，最上面的两端是爱与恨，随着内心的深度不同，每一层的内容也各不相同，爱与恨在最底层相会。层次越深，所代表的人与自己的关系越亲近。从图中我们可以发现，最爱的人也是我们最恨的人。最表面是一般的人际关系交往对象，下一层代表的是关系亲近的朋友。在一般人际关系中，爱与恨之间距离较远，所以当我们喜欢一个人时，通常不会同时也讨厌他，在这一层关系中我们通常能够做到爱恨分明。

心的横截面

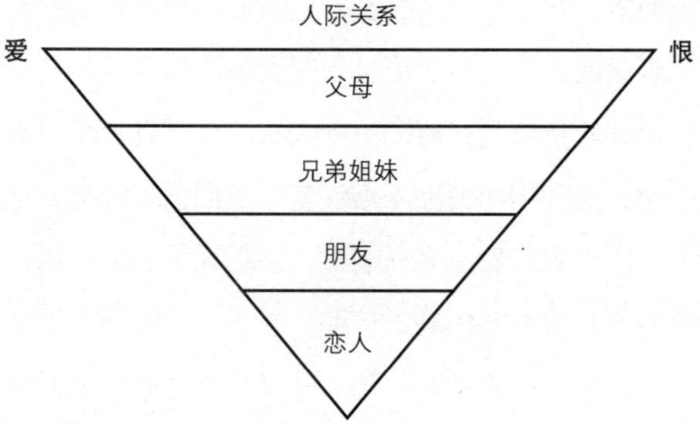

例如，讨厌上司，喜欢后辈或同事。如果以前喜欢的同事变讨厌了也不是什么大问题，不见面就行，因为这层关系始终停留在表面，未能进入内心深处。

亲密好友则属于更深一层关系。我们对自己的好朋友倾诉那些无法轻易向别人说出的烦恼。如果好朋友喜欢别人胜过自己的话我们会感到背叛，但并不至于会疯狂地想要挽回。

爱人是不一样的。想见到难以忍受，想要独占对方的爱，如果对方爱上别人会嫉妒，如果不接电话就打十通一百通，直到对方接电话为止。这种情感处于倒金字塔的最底层，是一种源于内心最深处的原始情感，那里爱恨交织。

因为爱你所以离开，我爱的人都会死，爱你所以放手——这些电影台词般的表白皆源于这种原始的情感。因为我们都知道，爱和恨在内心深处交融，爱越深，恨越切。

奥托·科恩伯格认为，“陷入爱情的能力和维持爱情的能力是不同的”，这从某一方面来看也解释说明了“边缘型人格障碍”。边缘型人格障碍因其诱惑性魅力而受到电影或电视剧青睐，常被加诸在女主人公的身上。边缘型人格障碍指的是爱与恨分离，二者无法在内心最底层进行交会的性格状态。其最大的特征在于，情感起伏较大，对同一个人有时爱到骨子里，有时又恨到想杀死他，这种情感波动不断反复。她们渴求爱情，毫不犹豫地表达爱，所以有时看起来充满魅力。但同时她们不相信爱情，总是患得患失，因为她们缺乏信赖，缺乏对“那个人爱着我”的基本信任。如果是这样的话，那么从丘比特之箭射出的那一刻起就是个错误。将面前站着的这个平凡的男人看成自己的白马王子，而自己就是等待被王子吻醒的睡美人。爱情的开始如此美好，但结局却是无尽的埋怨：“为什么你不是白马王子？”她们始终无法从幻想中醒过来，即使陷入深渊仍然不愿梦醒。她们认为，那个人就是让自己的爱情和人生走向毁灭的罪魁祸首。

Q是一个工作能力很强的职业女性，她因为总是跟男朋友不欢而散，所以想要接受心理治疗。因为希望拥有幸福的婚姻生活，所以她总是对男友十分尽心周到，但结果却换来男友的暴行，甚至严重到了需要警察介入的程度。男朋友是一个善于交际的人，朋友很多，晚上不给她打电话她就会坐立不安，什么事都做不了。有一天，在手机上看到男朋友和别的女人的短信聊天记录之后，她开始疑心，在知道那不过是男友的女同事之后疑心还是未减半分。在不断的争吵和和解过程中确认对方的爱，这种施虐—受虐型关系持续一段时间后转变为暴力行为，最终导致了爱情的破灭。Q在治疗过程中对这段感情表现出较大的留恋，她对男友既爱又恨，反复无常。有时觉得分手是正确的，有时又因为思念男友忍不住跟他见面。

从小在奶奶身边长大，虽然不记得是因为什么，自从和父母生活在一起之后她就总是哭，她告诉我她小时候经常挨爸爸的骂，有时会一个人被关在屋里，有时会挨打。据她回想，当时父母好像是把事业上的不顺心都发泄在了自己的身上。在成长过程中应该充满爱的时期却被讨厌和憎恨填满，脑子里都是“他们不爱我”“他们更爱姐姐”等的想法，以至于当自己有了爱人之后，变得看爱人的眼色、不安、疑心重，连自己都无法解释其中的原因。

上文提到，孩子们把自己的心分成两个部分属于发展过程中的正常现象，但我们也需要将它们合二为一。如果失败的话我们就会变得不相信爱情——倒金字塔的最底层。想爱，想被爱，但是无法维持爱情，因为爱与恨就像硬币的正反面。感到被爱的瞬间就开始担心爱情的消逝，听到爱的告白也无法相信，深陷于对方可能爱上别人的不安之中。

这种幻想和不信任是如何产生的呢？我认为这是天生的性格，同时也是克莱茵所说的婴幼儿时期和妈妈之间调节的失败所致。因为肚子饿而哭却被置之不理；打雷的时候一个人在房间哭好几个小时；摔破碗盘被打屁股；觉得妈妈不爱自己而一个人躲在房里哭；尽管心中充满怨恨和委屈，但因为是妈妈，因为无法不爱妈妈，所以装作若无其事地主动拥抱妈妈……所有这些记忆就像浊水沉淀之后留在最底层的积淀物。别人只能看见上面清澈的水，但是自己心中一层一层积淀下来的愤怒和委屈，以及惨淡的爱的残渣，都成为筑起幻想和不信任的砖和瓦。

精神分析家的理论和人生3

爱与恨的辩证法

梅兰妮·克莱茵

Melanie Klein（1882—1960年）

1882年，梅兰妮·克莱茵出生于奥地利维也纳的一个贵族家庭，她是家中最小的孩子。父亲莫里茨是一个牙科医生，45岁时跟比自己小24岁的莉布丝相遇并结为夫妻。3年内生了3个孩子，然后又在3年后生下了小女儿克莱茵。不同于典型的贵族家庭小女儿，克莱茵没有得到父母的宠爱。父亲年纪已大，母亲因为父亲微薄的工资而不得不工作挣钱，他们都没有闲暇去好好宠爱自己的小女儿。

脱离死亡，我们就无法走近克莱茵的人生。克莱茵将弗洛伊德提出的力量源泉之一——“死亡的本能”编入了自己的理论。后来和安娜·弗洛伊德争辩谁才是弗洛伊德真正的女儿，争夺主导权之时，克莱茵坚称继承“死亡本能”理论的自己才是弗洛伊德真正的女儿，可见“死亡”一词对她的意义之大。不仅如此，在克莱茵自己的人生中，她经历了无数次所爱之人逝去的悲伤和痛苦。

克莱茵的人生总是伴随着死亡。4岁的时候，她失去了代替妈妈照顾自己的姐姐；19岁时，父亲去世。而真正夺走她整个灵魂的是对她来说似朋友亦似情人的哥哥的死亡，这成为她后来身患产后忧郁症和精神疾病的原因。青春期的克莱茵比较敏感，喜欢随性写一些文字，哥哥伊曼纽尔是她的忠实读者，从未错过。哥哥是开发她心中沉睡着的文学才能的艺术家，是唯一能够理解她语言的知己好友，代替年过花甲的父亲成为自己的父亲和恋人。哥哥的死让她悲痛欲绝，悔恨不已，以致她和曾是哥哥朋友的丈夫之间的关系越来越疏远。对哥哥的思念使她在哥哥的书发表之后陷入了无尽的忧郁，再加上产后忧郁症，这一切让她经历了长时间的精神折磨。

把克莱茵从深渊中解救出来的是精神分析。作为一个非专业分析家，她以出众的洞察力受到匈牙利精神分析学者桑德尔·费伦茨（Sandor Ferenc）的赞赏，走上了成为精神分析家的道路。随着她在儿童精神分析领域的理论受到极大瞩目，在卡尔·亚伯拉罕（K. Abraham）的保护下，她穿越国境，开始涉足弗洛伊德的研究领域。想要在精神分析家亚伯拉罕的分析和指导下在这一领域站稳脚跟的梅兰妮·克莱茵因为恩师的去世再一次失去了前进的方向，陷入彷徨。弗洛伊德看待她的视线从一开始的善意转变为冷淡，克莱茵变成一条被主人丢弃的小狗。她穿越海洋，跟随向自己伸出援手的英国精神分析学者欧内斯特·琼斯（Ernest Jones）前往英国。离开之前，她整理了自己所有痛苦的回忆。大女儿结婚的同时，她也和分居已久的丈夫彻底离婚，两个儿子被留在丈夫身边，住在学校宿舍。

抛开一切彷徨到达英国之后，克莱茵开始作为一个分析家而为人所知，声名大噪。克莱茵的儿童精神分析开始于对自己孩子的观察和研究，她一直试图弄清母亲和孩子的关系中人类的内心如何形成这一问题。这一研究不仅成为日后客体关系理论发展的跳板，也成为如今育儿书籍中屡遭强调的母子关系的相关基础研究。

克莱茵理论的独创性体现在“内心的分裂”上，她就“未分化的孩子的内心是如何通过与母亲的相互作用得到统一的”这一问题发表独到见解，揭示了当攻击性、死亡本能无法为客体所接受时内心将如何分裂。在智慧但缺乏爱的母亲身边长大，心中的爱与恨无法交会，造成了她心中的孤独。文学和哥哥填补了这种爱的空缺，但是哥哥的离开让她陷入万丈深渊，这在她的理论和人生中都得到了体现。

在追求作为一个精神分析家的名望和安定的过程中，夺走克莱茵人生中全部幸福的死亡再度降临，大儿子汉斯突然死于一场登山失足事故。汉斯出生于克莱茵身患产后忧郁症时期，在父亲面前总是瑟瑟缩缩，每次丈夫对自己有所不满时都把儿子当成出气筒。汉斯死后，她回忆道，“他从来不曾幸福过”，这一言道出了失去孩子的可怜母亲心中的无限悲痛。

为了父母

1. 妈妈，一个艰苦的职业

“小磨蹭”的妈妈早上看着镜子起誓，“今天绝对不对孩子发火”。昨天对孩子发火，甚至出手打了孩子，看着孩子入睡的脸庞，妈妈心痛难耐。孩子总是让她看着生气，事后又难过不已。“小磨蹭”总是让妈妈不满意：从早上上学开始妈妈就要事事为他操心；不过10分钟就能完成的学习指导而已，妈妈不生气就无法完成；孩子看起来乖巧无比但总是没有热情，不会主动去做些什么。看着放学后一个人拖着脚步回家的“小磨蹭”，妈妈一边心中感到十分难过，想着不能太逼孩子，另一边却在看到孩子磨磨蹭蹭的样子时不知不觉地就火冒三丈。明知道发火是不对的，知道孩子心里也不好受，但还是情绪难抑，妈妈因此痛苦不已，备受折磨。特别是孩子在日常生活中没有条理、慢慢腾腾的更让妈妈难以忍受。孩子一磨蹭妈妈就着急，不断催促，孩子因此看妈妈眼色的样子更是火上浇油，让妈妈怒气爆发。孩子干脆叛逆还能接受，这种温温吞吞、不死不活的样子更让人生气，生气过后又心痛、后悔不已。对自己的自责让她渐渐失去了成为一个好妈妈的信心。

没有不知道怎么教育孩子的父母，但是也没有父母是按照自己所知道的方式按部就班地教育孩子的，这几乎是不可能的，知道并不代表自己的行为就能如出一辙。知道得越多，越认识到自己的不足，结果只能使自责加深。虽然都说父母不能给孩子带来伤害，但父母其实也不断从孩子那里受到伤害。有一个妈妈毫不犹豫地说，儿子是自己一辈子的仇人，自己的自尊心从来没有受到过这样的伤害，从来没有人这么无情地对待自己，不知道孩子为什么就像站在独木桥上那样不可接近，为什么所有的书都告诉我们要去爱这样的孩子。

的确，对很多父母来说孩子是冤家仇人。接受这一点能够让今后我们与孩子的相处轻松许多。

当我表达这种心情时常常会说，“下辈子，孩子的‘孩’字我都不会多看一眼”“有来生的话我要做一棵树，不，树的寿命太长，我要做一棵草，草草走完一生”。回到现实后又会这么说，“孩子是消耗性保险”，投资一辈子却注定血本无归。要是发生事故，命在旦夕，也许能赚回些许眼泪。每次缴保险的时候，除了心中的期待之外别无他物。虽说为了老有所养而建立家庭，但现在的年轻人太忙，忙到甚至让人觉得心怀期待都是不知羞耻的，因为他们没有闲暇来照顾他人。从这一角度来看，一边努力工作，一边利用闲暇享受文化生活的单身年轻人真是无比明智；只结婚不生孩子的双薪丁克族（DINK）似乎也绝顶聪明。

大家可能疑惑了，怎么好端端地突然发起牢骚来了。但也许只有这样，我们才能在以后为人父母的日子里感到步履艰难之时对孩子“慈悲为怀”。

当我直接与青少年以下的孩子交谈或为这种案例作指导时，通常将重点放在家庭动力上，试图了解和感知家庭中的情感流动。这绝不是为了找出父母的失职或错误。家庭本身就是一个巨大的“动力体”和“曼陀罗”，在其他地方无法显露的无意识的能量在其中流动。所以我才在这一部分内容上花费大量时间，希望能够帮忙找出父母没能认识到的情感流动。

2. 我心中的小小孩

让我们重新回到“小磨蹭”家来看一看吧。

“小磨蹭”的妈妈在一个非常正统的家庭中长大，是家中长女，爸爸是教职人员，妈妈落落大方。“失误也是实力”，在父母的教诲之下，“小磨蹭”的妈妈长成为一个标准的淑女。婚后勤俭持家，堪称贤妻良母。但不知从什么时候开始，她与孩子总是不合拍，孩子越来越不听话了。

“小磨蹭”妈妈的几句描述就让我深信她是多么努力、真诚地对待生活。“长女是家中宝”，在韩国，人们普遍认为长女一般懂事比较早，听话、不淘气，学习成绩优异让爸妈引以为豪，对弟弟妹妹照顾有加，在家庭生活的各方面都扮演重要角色。

“小磨蹭”的妈妈从出生开始就被赋予了“长女”的身份，为了成为一个合格的长女她用尽心力。

“小磨蹭”妈妈在成长过程中从未在自己应做的事情上犯过错，对这样的她而言，要理解没一件事能做好的孩子无疑是困难且痛苦的。“我在那个年纪的时候什么都会自己做了，但孩子却什么都不能独立完成，实在难以理解。”对“小磨蹭”妈妈来说，从小就努力将每件事都做到完美的自己却无论怎么努力都无法教好孩子，这种“失败的妈妈”形象让她备受挫折。她的整个人生中几乎没有靠努力做不到的事情，而孩子却成为这样完美人生的污点，让她感到气愤、嫌弃。

“孩子没有教好”，表现出这种羞愧之心的大多数妈妈都认为自己可悲又可怜。无论怎么努力都无法啮合错开的齿轮，她们的困惑和受挫感是我首先想要探究的内容。

接下来我们来讨论一下那些错开的齿轮缝隙。

“早熟”对父母来说可能是好事，但是对孩子而言有百害而无一利，就像催熟还未到时候的香蕉一样。无论是孩子还是水果，如果任其自然生长的话，绝对不会出现早熟的现象。自私，以自我为中心，充满欲望，这才是孩子。想吃的东西一定要吃到，想要的东西一定要得到，一旦孩子开始为父母担心金钱问题，他就不再是一个孩子了。孩子把弟弟妹妹看成仇敌，看成与自己争宠的“小妾”，他们照顾弟弟妹妹不过是为了祈求父母的爱。

“不懂事”是只属于孩子的特权，这种特权一生只有一次，一去而不返。

“小磨蹭”妈妈的齿轮中缺失了“不懂事的孩子”这一颗，不，应该说是她自己拔去了。从出生开始就为做一个父母心中合格的长女而过早地懂事，所以在“小磨蹭”妈妈的齿轮中没有空位来放置“不懂事的孩子”，以致她无法理解未完成自己应做的事就去玩耍的孩子。孩子的不懂事让她感到焦虑，并将之转化为怒气。

为了演绎完美的长女，为了听到称赞不断鞭策自己，“小磨蹭”妈妈为了早早成为一个大人因此把未能得到充分成长的“小小孩”关在了内心深处。

不，对孩子的怒气说不定来源于内心更深处，说不定是小时候照顾万事都依赖姐姐的弟弟时产生的委屈反扑的结果。也就两岁差异，弟弟是被照顾的一方，自己却是照顾的一方，这种分工的不公让她感到委屈。如此难抑心中对“小磨蹭”的怒气，说不定是因为在看自己眼色行事的孩子身上找到了自己曾讨厌过的弟弟的影子。

上文在对孩子的内心形成过程中进行说明时提到，孩子的所有经历都会为孩子的内心增添色彩，这句话也适用于父母。父母还是孩子的时候，从他们的爸爸妈妈那里得到的一切成为他们内心的色彩，忘记了不代表不曾存在过。身体也有记忆，并将之表现为情感反应。这就是父母的教育不能照本宣科的原因。大部分情况下，和孩子间的矛盾并非来源于妈妈和孩子的争吵，而是孩子与妈妈内心深处“小小孩”之间的不和，孩子与妈妈心中那个

“畏缩的小孩”“不安的小孩”之间的矛盾。因此，为了教好孩子，首先了解自己曾是一个什么样的孩子、自己的父母曾是什么样子十分重要。

3. 寻找解决办法

因父母和子女之间的问题来进行咨询的案例中，大部分妈妈都只将焦点放在孩子的问题行为上，但对此，直接的忠告通常帮不上忙。

要解决“小磨蹭”家的难题，应该从理解“小磨蹭”妈妈内心的委屈开始。一味只针对孩子进行各种方法的治疗在这种情况下是毫无作用的，只会触发父母的羞耻心和受挫感。

人们总说，“父母不能对孩子发火”；专家们也说，“绝对不能对孩子发火，因为这会让他们更加泄气，失去信心”。说得好像妈妈就应该死忍着自己的不愉快和怒气，即使被气死也无所谓一样。

在“小磨蹭”妈妈的记忆中，童话总是错误的。她告诉我，童话里的蝈蝈永远那么命好，总是有人帮助他，照顾他。而自己作为妈妈要忍，作为姐姐也要忍。不明白为什么有的人能够像蝈蝈一样，有的人却每天在生活中痛苦挣扎。

“一直以来，我对自己要求严格，生活在对自我的鞭策中，真的无法理解我的孩子到底为什么做任何事都磨磨蹭蹭，毫不上进。每天早晨一听见厨房煎鸡蛋的声音我就会马上起来，但是孩子却催10遍也不愿起来。一骂他就开始看我的眼色，我实在是理解不了为什么孩子总是一边看我的眼色，一边在一旁傻等着我帮他做些什么。回想一下，我弟弟好像也是这样，做什么事都磨洋工，就等着我帮他做好。要是说他两句，他就故意大哭，妈妈被哭声引来之后就只教训我一个，说我怎么连弟弟也照顾不好。我要是哭的话，妈妈又会说我长这么大了怎么还哭。”

是啊，只比弟弟大两岁的姐姐还不足以代替妈妈的角色。兄弟姐妹意味着有人陪我玩耍；有人要抢走我的东西，让我生气；有人比我更受宠爱，让我嫉妒，仅此而已。

本书曾提到父母的心里有很多个房间。“小磨蹭”说不定就住在妈妈心中名叫“挫折”的房间里，也说不定住在“再怎么努力也没用的孩子”或“不准犯错的孩子”的房间里。所以无论“小磨蹭”多想努力做好，结果还是爬不出妈妈心中“挫折”的房间。身边的人劝她说：“孩子有时会那样，不用管太多，以后会好的。”无论怎么劝，“小磨蹭”妈妈还是无法接受，对住在“挫折”的房间里的孩子感到不安和焦虑。

“橘生淮南则为橘，生于淮北则为枳。”植物的生长需要适应土壤和气候。我们人也是一样，在适应父母赋予我们的责任、期待和禁忌的过程中不断成长。不仅如此，每个人小时候所受的创伤都难以愈合。特别是委屈或怒气等情感没能得到纾解的情况是绝对不会遗忘的，甚至会像雪一样层层堆积，直至冰冻三尺，难以消融。这三尺寒冰可能在爱的温暖下融化，化成眼泪、憎恶、委屈流进自己最爱的人们心中。没有能力逃避的孩子将之表现在具体行动上，就像灼热的岩浆突破薄弱的地表层喷涌而出。

这就是“家庭的动力”，家人所创造出来的“曼陀罗”。

4. 爱情心理学——关于爱与恨

恨的产生源于爱。因为爱所以分离，因为害怕破坏这份爱的美好而放手，为了不由爱生恨而离开。的确，爱与恨就像硬币的正反面，爱之深，恨之切。有时恨得太深，走上一条不归路，再也无法回头。

上文在对内心进行说明的过程中通过“尖筒帽”展示了爱与恨的两面性。现在我把内心比喻成“棒球”来解释说明家庭动力。

首先，我需要借用上文的内容，对孩子好的情感用圆圈来表示，坏的情感用叉号来表示，好的情感是棒球的上部，坏的情感分布在棒球的两边。孩子将坏的情感用哭的方式表达出来，在知道这样做也没有任何作用之后，就会将这些坏的情感留在心底。孩子的内心开始挣扎，恶魔说“肚子饿，想哭”，天使说“不行，不可以”。天使与恶魔就像两个孩子一样争吵不休，像弹簧一样，此消彼长。

“我要耍赖。”

“不行。”

前者胜的话，孩子会变成“浑小子”或“赖皮鬼”；后者胜的话，孩子就会变成“早熟的乖孩子”。

要赖的欲望更胜时，孩子会长成一个不懂事的小浑球，“不行”的喊声更大时孩子就会长成一个早早懂事的孩子。这场争斗中孰胜孰败，孩子最终会长成什么样儿？这与天生的性格相关，也取决于父母暗自给孩子赋予的角色。不管表面上孩子做出何种表现，是好是坏，重要的是两种孩子的精神成熟度是一样的。他们拥有“被压抑的缺乏”这一共同特点，造成他们不成熟的精神结构。

如果觉得这句话难以理解的话，我们可以参考身边的事例。小学期间一直都是班长，向来表现优异的优等生，进入青春期以后突然发生大转变，人生轨迹彻底被颠覆；不懂事的男人和直性子的女人之间迸出爱的火花甚至步入婚姻的殿堂；一边感叹“度日如年”，一边相互依赖着度过百年的夫妇。

动力取向的家庭治疗师鲍文认为，“夫妻是精神成熟度相似的人之间的结合，之后再将之遗传给下一代”。

“诚实”女士因儿子的问题来进行心理咨询。她告诉我，儿子是家里最小的孩子，他上面还有一个姐姐。两个孩子都留过学，女儿以前上的是有名的高中，毕业后直接考进了名牌大学。儿子因为无法适应留学生活，一年半之后回家，进了一所一般的高中，后又因为不适应而被送往代案学校（非传统学校），现在正在准备入学资格考试。她说自己不知道还要让步到什么程度，无论怎么降低期待，儿子还是会让自己失望。

“诚实”女士给我的感觉是一个直性子的非常真诚的妈妈，她告诉我自己是一个虔诚的信徒，时时教诲孩子要乐于助人，自己一直认为“严教”才能培养出优秀的孩子。女儿高中的时候向妈妈哭诉为了考试、写论文好几天都没睡觉的时候，妈妈反而会敦促她说“几天不睡也不会死”，女儿为了保持清醒不打瞌睡，经常掐自己的身体。但是儿子却像一摊扶不上墙的烂泥一样，任何方法都不管用，让妈妈无计可施。

真是不知道该怎么把妈妈心中那个“让人喘不过气的孩子”揪出来让她看看。

“成熟”一词，通常让人们想到的是“像大人般的言行”，但这远远概括不了成熟的全部意思。甚至有时人们表现出来的“大人版言行”有可能只是他们不成熟的掩饰。无论是什么，过分突出有时反而是掩饰或防御的可能性较高，例如，过分的严格，过分的禁欲主义。

心理学中成熟的人指的是能屈能伸、张弛有道的人。这种人能够自由游走于小时候到现在的整个人生过程，集小孩子般的天真烂漫和专业的商业头脑于一身，并能够适材适所地对其进行选择性使用，和孩子玩的时候能够应景地展现自己天真爱玩的一面。一边说着要和孩子进行一次开诚布公的谈话，另一边又在自己被质疑的时候搬出父母的架子，这并不是成熟。拥有一颗成熟的心，意味着即使是父母也能够在子女面前坦然承认错误并郑重道歉。

“自我尊重感强”和“自尊心强”所代表的成熟度是截然不同的。“自我尊重感”指的是无论出于何种情况都坚持尊重自己，无论别人说什么都不轻易动摇。而“自尊心”则更倾向于一种为了掩饰自己薄弱的自我尊重感而想要靠一些东西来维护的态度，所以会对受到伤害非常敏感，不轻易妥协。这是出于对薄弱的自我尊重感的保护，是不成熟的表现。

人际关系理论家费尔伯恩说，婴儿受挫的经历会被无意识地保留下来，在两部分内心中起抗衡作用。其中一部分心里住着一个“严格的我”，这是不断对自己所犯错误大加指责的严格的父母在心中进行内在化的结果。“严格的我”起压抑和管制的作用，必要时还包括惩罚。另一部分心里住着一个热血沸腾的“冲动的我”，这个“我”急躁、冲动、不懂事。这两个“我”在心中像弹簧一样，此消彼长，起拮抗作用。

像弹簧一样起拮抗作用意味着不稳定，意味着需要消耗的能量之多，意味着不安和紧张将随之而来。这种不安和紧张，即使不说出来，也极有可能传递到子女身上，造成孩子的焦虑或抗拒心理。

有些孩子被父母说成是不知反省，缺乏负疚感，或无欲无求。没有谁一开始就如此，人类最感性、最敏感的时期就是小时候。没有一个孩子不希望得到肯定和宠爱，没有一个孩子一出生就没有争得第一的意志，他们只是在这种拮抗作用中身心俱疲了而已。

人际关系精神分析的故乡英国塔维斯托克医疗所中有一对人际关系治疗师夫妻——来自美国的夏普夫妇。他们在制定夫妻和家庭治疗项目时就是以费尔伯恩的这种理论作为基础的。夏普夫妇在研究过程中用球形进行了解释说明，本书为了更便于读者的理解而采用了棒球解说法。

中间代表有意识的部分，是现实中进行交流沟通的部分。棒球两边代表受挫之后被无意识保留的部分，这一部分被分在两边进行拮抗作用。两边分别代表不同的形象：一边是耍赖皮的孩子，心中抱着耍赖能让自己得到一切的幻想；另一边是站出来阻止的孩子。

两部分心

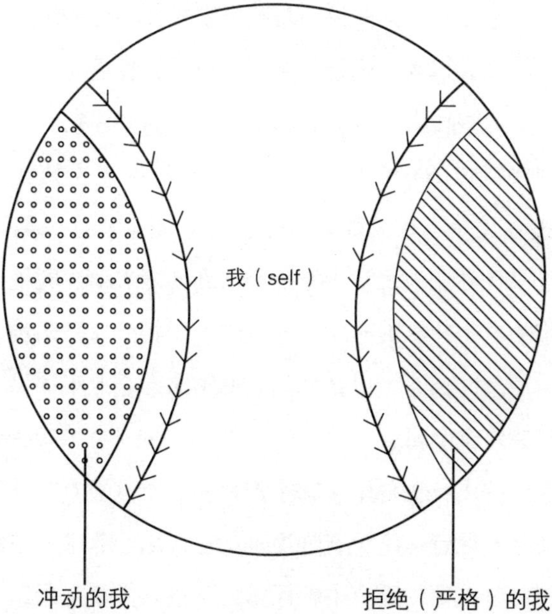

上文提到父母的心中有多个房间，这种说法就是源于费尔

伯恩所提出的内心形成过程，各部分内心不断分化，形成各种不同的房间：“严格的房间”“焦虑不安的房间”“想要受到保护的房间”“受到挫折的房间”，等等。更重要的是，只要我们还被关在这种无意识的房间中，我们就无法成长。即使现实年龄增长，内心的这一部分也将永远停滞。表面上看起来成熟老成，其实不过是一种防御机制，并不是真正的成熟。这种心理年龄停留在7岁、5岁，甚至3岁的人，专家们称之为“成人宝宝”或者“大小孩”。

这种无意识主要在与自己最亲近的人、自己爱的家人身上得到体现。父母在心中无意识地将孩子安排在不同的房间，这就是家庭动力的形成过程。妈妈对丈夫和孩子，爸爸对妻子和孩子，家庭就是由这些动力体所组成的一个巨大的“曼陀罗”。

我曾接待过的一个侨胞已经有好几年没有去见自己的父母了，他告诉我并不想见他们。中学的时候全家移民美国，他在那里度过了青春期，大学毕业之后回到韩国工作。问他工作时觉得最困难的事是什么的时候，他说与上司相处非常困难，特别是对自己父亲辈的长辈，以致他只在韩国国内企业工作了一小段时间，现在在外企上班。

在孩子的成长过程中，父亲都是随心所欲地对其进行教育。在美国的时候他也从来没有忤逆过父母，因为尊敬长辈的韩国式儒家思想已经在他的脑海中根深蒂固。进入大学之后，他没有从父母那里接受过一分钱学费，生活费也必须自己挣。因为父亲秉承美国式教育方式——孩子18岁之后必须独立。

随意将韩国式教育方法和美国式教育方法进行混用，使孩子既没能像美国的孩子那样独立自主，又没能像韩国的孩子那样在大学里一心读书，不需要担心学费和生活费。大学期间，他因为忙于赚取生活费而没能交到一个朋友，生活单调而孤独。

他比谁都更想结婚，但是总以分手结束，因为他不相信爱情。当爱情变成一种执念，一旦现实无法满足这种执念就会产生憎恨，自己也逐渐变得阴暗起来。想要组建一个美满家庭的愿望如此强烈，却不相信为之奠基的爱情。

爸爸认为儿子必须成为家庭的支柱，因此对他分外严格，从来没对他和颜悦色过。人类拥有能够思考的头脑有时真是一件方便的事。爸爸过去从自己的父亲那里受到冷待，所以他也不知道如何去爱自己的孩子，于是通过“严教出孝子”的理论把自己对孩子的冷酷进行合理化了。妈妈则选择了一个没有周末休息的职业，以挣钱为理由回避了这一对父子之间的矛盾。

如此诚实善良之人，却无论怎么努力都无法得到父母的称赞，这让我在治疗过程中一直感到心痛、惋惜不已。其实这与个人的努力无甚关联，爸爸心中的房间早已定下。要是他能早知道这一点，人生中痛苦是不是就能减轻一些呢？

“小磨蹭”的妈妈在成长过程中必定也有过许多类似的经历。她肯定也曾想尽情在妈妈的怀里撒娇吵闹，但是自己想去的那个地方已经有了弟弟。虽然只比弟弟大两岁，但在妈妈眼中自己已经长大。于是，她在心中架起了一堵围墙，并竭尽全力克制自己不要去翻越。从“小磨蹭”越过这堵禁忌之墙的那一瞬间开始，“小磨蹭”妈妈的所有努力都变成了徒劳之举。不，也许从孩子站在警戒线上的那一刻起，她就已经变得焦虑不安；每次看见孩子在这条底线上徘徊她心中就会极度不安，敲响警钟。她的这种心理也影响到自己的孩子，让孩子变得焦虑起来。又或者站在警戒线上的孩子让妈妈感到厌烦和不安，以至于妈妈把孩子赶到了围墙之外。

5. 与孩子一同成长的父母

我们在为人父母之前，不，现在也一样，都是父母的子女。就像我们现在为自己的孩子伤透脑筋一样，我们的父母也曾因我们而烦恼不已。至于我们的父母是什么样的，这个问题难以一言概之。世上没有未尽全力的父母，父母为了养育孩子费尽心力，正因为如此，我们不对父母做出任何的评判。有伤心，有委屈，也想过要是出生在别的家庭就好了。但是当一切烟消云散之后，我们心中就只会留下对父母的负疚感和深情。

但这并不等于说我们小时候经历的情感都会清零，不复存在。沉淀下来的情感完好地保留在心底，到自己有孩子的时候就会重新出现，像一根不受控制的魔棒四处挥舞，造成许多行动不受大脑支配的情况。知道发火是不对的，但看见孩子时又难以控制怒气，就像心里的小魔鬼在作怪。

人类最大的悲剧之一在于，人类比其他任何一种灵长类动物都需要用更长时间去学会独立。孩子越小，他们眼中的父母就越是全知全能的，但在度过这种因无知而哭的年龄之后，当孩子开始能够独立自主时，父母就会对孩子进行制约。在所有的灵长类中，人类是最受保护，同时也是最受制约的一种动物。父母以管教的名义行使各种权利，有时孩子可能成为父母发泄莫名怒火的对象。处于弱势地位的孩子开始感觉父母是否讨厌自己，即使是单纯的管教或指责也会让他们产生父母会不会抛弃自己的想法，并因此感到焦虑不安。

一直到青春期或青少年时期，孩子才能产生客观看待父母的认知能力和精神力量。这是“反弹”开始的时期，也是青少年时期的孩子和父母间矛盾冲突特别多的原因之一，自己过去的“遭遇”太委屈。

青春期的孩子和父母对着干是正常的。客观看待父母意味着将父母和孩子从垂直关系移动到横向关系当中，青少年精神分析学者们将这一时期称为“第二次分离——个别化时期”。了解父母的优缺点，把父母当成一个普通人进行客观评价，为自己长大成人做准备。但是在我们的传统文化圈中这种评价父母的过程似乎十分鲜见。

与学生家长谈话的时候，如果问到他们的父母，他们的回答大部分都很抽象，例如无私奉献、为了孩子费尽心力等，他们都避免在回答中掺入情感，类似爱、恨或怨恨这种答案少之又少，特别是有很多人都不知道与父母亲热是一种什么样的感觉。

我有时会提这样的问题：“想象一下回到小时候躺在妈妈怀

抱，你有什么感觉，或者想象一下现在把头倚靠在妈妈肩头，你会产生什么样的感觉？”如果答案是无法想象，或者觉得尴尬不舒服的话，那就说明他和妈妈的关系不太亲热。

换言之，“孩子可爱得让人不知如何是好”这种亲热的经历在父母与孩子之间不曾发生。当没有和父母亲热经验的自己成为一个母亲时，首先需要做的就是学会什么是亲热，并去体会和感受它，父母教育和育儿理论都在其次。

亲热在养育过程中之所以重要，是因为妈妈和孩子之间的第一次交流就在于皮肤的碰触。因为孩子太可爱而目不转睛的注视和温暖的拥抱都是通过皮肤传递给婴儿的。和妈妈之间的触摸和亲热是一场爱的经历，是自我和自我存在感得以健康发展的核心。

理解自己和父母的关系是成为合格父母的先行条件。我们不能简单地将父母看成大人，将孩子看成需要养育的对象。父母也是人，他们也有不完美的地方，他们也和孩子一起不断成长。父母心中“未长大的孩子”在养育孩子的过程中被释放出来，有时会引起矛盾。

要想教好孩子，我们就不得不重新审视和认识自我，并且在这种认识自我的过程中，拥有一个重新走向“成熟”的机会，作为父母，作为一个人。从这种意义上来说，“矛盾”是走向成熟之路的第一个关口。

偶尔有些父母会因子女问题单独来接受咨询。其中有一个长期自己一个人来进行咨询的案例，刚开始时我在治疗方法的选择上有点儿犹豫不决，因为这既不是儿童咨询，也不是父母就自己的问题进行咨询，治疗关系有点儿模糊。进行心理治疗，或者把焦点放在教育和忠告上都不太恰当。我先询问了他能不能带着孩子一起来，不能的话就给他提供了一些必要的建议。渐渐地，他改变了心意。那些半途放弃，等到情况恶化后再重新找来的父母让我学会带着一种首先将控制权和选择权交到父母手中的心情来面对每一次心理咨询。

错过治疗时期的情况多到让人惋惜，例如父母想要接受专业治疗和帮助，但孩子拒绝的情况；学校、补课等日程安排紧凑，难以抽出时间的情况。心理问题对孩子造成的伤害有时是致命的。

众所周知，韩国的高中无异于一个没有硝烟的战场。有不少孩子聪明伶俐，成绩优异，足以考入特招高中，但是后来却成为

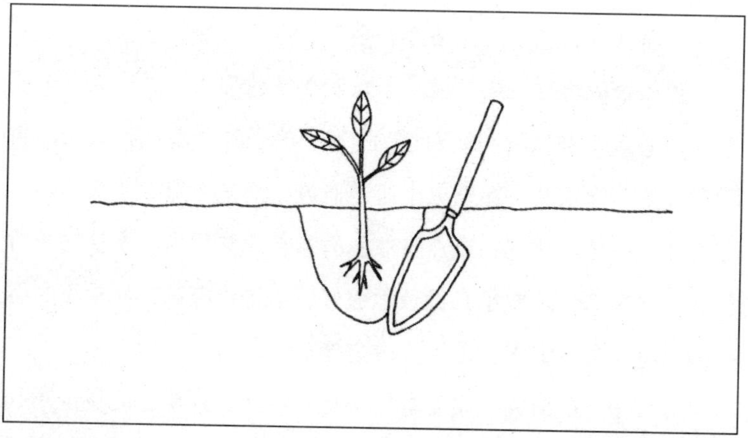

一个考不上好大学、缺乏学校生活能力的人，多么令人惋惜！青春期的不稳定可能动摇甚至打破孩子的大学梦，最后影响到孩子的前程和未来，这就是我们面临的现实。

父母进行咨询的另一个原因在于，一开始为孩子的问题而来，但在咨询过程中逐渐发现了自己心中的“小小孩”，不知不觉地开始以自己为中心进行正式的心理治疗。在不断了解父母心中的各种房间及其对孩子造成的影响的过程中，父母也获得了一个成长的机会。

即使为孩子费尽心血，到头来还是浑身是债，这就是父母。

我想告诉所有年轻的母亲们，“心急吃不了热豆腐”。过早地教孩子各种规矩，想让孩子成为天才儿童而过早对其进行各种教育，这会成为孩子的负担，在孩子心中留下伤害。如果让孩子过早地承担父母赋予他们的角色，那么他们的整个成长过程可能会变得非常吃力。孩子可能因此表现出焦虑、压迫感、攻击性、忧郁等，治愈这些伤口需要很长时间。孩子3岁之前需要的只有“爱”而已，而且是“无条件的爱”。

父母希望将孩子培养成一个自我尊重感强的人。作为一个长期学习心理学和精神分析且养育了3个孩子的妈妈，我认为，自我存在感不像钢铁，在烈火中熔铸而成，而是像腌辣芋头一样，仔细地包好之后让它一点点自然发酵直至成熟。为了不让白菜等材料漏出来，一定要小心细致地放好后再进行腌制，如果不时翻弄的话材料都会漏出，成为失败之作。

养育孩子的时候一定要把铲子插得够深，这样才能保证不伤害植物的根。换言之，我们一定要宽心等待，一定要思得深，想得远。

用心若够深，无处不可达。在养育孩子的过程中会有无数的曲折和困难，如果用心足够深的话，没有不可解决的问题和矛盾。

Part 2

孩子成长的步伐

本章将对婴幼儿的整个成长过程进行阐述。在养育孩子的过程中，了解正常的发展过程至关重要。

对1周岁左右（口腔期）的孩子而言最重要的是感觉，即身体的接触。这一时期的孩子通过感觉或身体触感和外部进行交流，形成心理自我的雏形。

对2岁左右（肛门期）的孩子来说最重要的是运动，即身体活动。行动和思想的不一致造成各种不和协。这一时期孩子的独立自主能力不断增强，攻击性逐渐表现出来，学会说“讨厌”。这一时期孩子心理上的分离焦虑、攻击性、睡眠障碍都是正常现象。

孩子长到3岁左右时（性器期），这一时期的核心在于语言能力的发展。在这一时期，孩子才能学会用语言表达自己的想法，这意味着孩子已经多少能听懂大人话了。

6岁左右的孩子开始进入潜伏期，同龄伙伴成为孩子生活中的重要部分。

口腔期

——用嘴感受一切的时期（0~1岁）

口腔期是感觉，即身体的接触尤为重要的一个时期。孩子开始通过别人的拥抱与外部世界进行交流。这个时期的孩子会把手里抓到的所有东西都送进嘴里一一确认，所以这一时期被称为口腔期。孩子的心理自我开始发芽，需要我们小心呵护。

“孩子的内心通过与母亲的身体接触而形成。”

—唐纳德·伍兹·温尼科特—

1. 不喜欢一个人待着——接触

皮肤触感是新生儿与世界进行对话的途径。新生儿透过自己的皮肤所接触到的感觉去感知世界，他们首先接触的对象就是妈妈。温尼科特早有断言，孩子的内心通过与母亲的身体接触而形成。

新生儿的幸福感来自于身体上的满足。肚子饿的时候，得到食物就是幸福；躺得太久感到不舒服的时候，被拥抱就是幸福，再简单不过。虽然简单，但这是内心形成的过程，是人生的起点，因此极为重要，不可忽视。

买车的时候，汽车导购员告诉我，汽车的第一个1万千米跑得如何会影响到汽车的性能，道路上的小土坡也要分外小心。新生儿也一样。过去的老人们在孩子刚出生的前三个星期连风都不让孩子吹到，他们通常会编一个稻草人小孩挂在大门前，表示外人禁止入内。婴儿一天的大部分时间都在睡觉，那是为了促进大脑的发育而让身体上的需求先得到充分满足。

俗话说，“哭能开嗓”“总抱孩子不好”。一些育儿专家主张让出生还不到几个月的婴儿自己睡，哭了也放任不管。但是哭声是婴儿的表达方式，他们通常用哭声来表达自己身体上的不适，肚子饿或尿布湿了等。不管原因是什么，如果置这种不适于不顾，孩子会在心理上感到不幸，因此变得性情急躁，或者相反地，变得对外部的刺激反应迟钝。此外，孩子也可能因此免疫力下降，身体变弱，容易生病。

其实大人也是如此，肚子饿的话就容易烦躁，没睡好的话做什么都提不起兴趣。唯一不同的是，大人有能力解决这些不适而孩子没有。

“哭能开嗓”“总抱孩子不好”“孩子自己一个人睡比较好”，这些说法都是为大人的省心省力着想，没有一件是对婴儿有利的。新生儿有需要的时候自己没有能力去获得满足，所以只能将这种不适诉诸于哭泣。和不会说话的孩子斗气只会成为将来和孩子间长期矛盾的开始。

2. 不喜欢一个人睡——睡眠

看外国电影的时候有时会出现跟孩子教育相关的场景，一对年轻夫妇用电脑偷看孩子有没有在自己的房间里好好睡觉，他们应该是在孩子的房里装了摄像头，通过摄像头把孩子睡觉的样子传送到电脑上。

新生儿大部分时间都用来睡觉。吃了睡，拉了睡，100天后孩子的体重将增加1倍以上。孩子不乖乖睡觉对父母而言是最辛苦不过的事了。我的一个朋友告诉我，她半夜起来哄孩子的时候，丈夫甚至烦躁地让她把孩子扔出去，每次参加聚会的时候朋友都会把这件事拿出来说，对丈夫实施“报复”。对每天早上都要早起的上班族来说，孩子整夜哭个不停无疑是一种折磨。

婴儿成长期间，父母是否应该和孩子一起睡？这一问题引起了较大的争议。有专家认为，让孩子自己睡一段时间有利于良好睡眠习惯的养成。但据说，在这一争论的起源之地——欧洲，让孩子一个人睡的做法也不过只有150年的历史。这与当时的社会条件相吻合，即工业革命开始后，母亲开始进入职场，以致她们无法再直接养育孩子。此后，在孩子的养育方面，是否让孩子单独睡的问题引起了数次争论。

但重要的是，睡眠就像哺乳一样，可能影响新生儿的认知和情绪的发展。这一时期是孩子身体环境适应能力、人体生物节律形成的时期，通过身体的接触和安定感对自我的发展起着重要作用。事实上，就子女问题进行咨询的大部分父母都曾表示，自己的孩子小时候睡眠不是很好。

夜晚无论对孩子还是对大人而言都是十分宝贵的时间，有时晚上睡眠不好会让人心神不宁，无缘无故地感到不安和焦虑。如果白天受到压力，晚上的睡眠就会受到影响。新生儿也不例外。那么孩子能有什么压力呢？日夜温差较大的时候，妈妈抱着孩子外出的时候，家里来很多客人的时候等，这些对一个新生儿而言都可能成为压力。受到这些压力之后，孩子的睡眠就可能受到妨碍，此时孩子只能通过哭泣来表达自己的内心。

人体生物节律或外部环境不安定的时候，晚上睡觉时给孩子创造一个良好的睡眠环境，即妈妈的陪伴能够给孩子带来巨大的安全感。事实上，晚上和孩子一起睡对有工作的妈妈而言是一个好机会，让她们能够弥补白天不能陪伴在孩子身边的遗憾。但现实上这不太可行。白天在外辛苦工作，到晚上还要为孩子所累的话，到时就不是养育孩子，而是接受“酷刑”了。

现如今备受瞩目的“依恋理论”从根本上看是建立在重视妈妈和孩子间的亲密感，特别是身体接触这一理论基础上的。虽然让孩子一个人睡有益、哺乳应遵循周期性等育儿理论不在少数，但考虑到新生儿的情绪或认知能力的发展离不开与妈妈之间温暖的身体接触，我们也没有必要特意在睡觉的时候把孩子和妈妈分开。

让孩子自己睡，还是和孩子一起睡，选择权在父母手中。和孩子一起睡可能会让父母感到不便，但对孩子而言并无坏处，也不影响孩子今后的独立性。过去，直到孩子的入学年龄为止，妈妈都是一直陪着孩子睡的，即使是现在，和孩子一起睡的父母仍然很多。孩子睡觉的时候会不会被自己压死？这种担心只是父母的不安，没有任何统计上的根据。只要父母不喝醉酒或吸毒，和孩子一起睡觉的时候都能够保证各自的睡眠空间。作为折中方案，最近的年轻父母们将孩子的婴儿床放在自己的房间，这样睡觉的时候“既能在一起又能保证各自的空间”；既能保证双方睡眠的舒适，又能将孩子放在身边，时刻关注孩子的睡眠状况，一举两得，皆大欢喜。

晚上不睡觉

持续的日夜颠倒让父母难以承受。如果孩子总是在半夜哭醒过来，父母会因神经过度紧张而讨厌孩子。婴幼儿期睡眠不好对孩子而言会造成无比巨大的压力。看似因为天生的敏感性格或人体生物节律的混乱等，但无论原因为何，从结果上来看，这都会引起孩子认知和情绪发展上的问题，这是一个不争的事实。

婴幼儿睡眠周期较短且不稳定，所以晚上总会在一定的时间醒来。如果不出意外的话，孩子渐渐能够找到自己的睡眠周期。

睡眠的生理周期

睡眠包括REM睡眠阶段（眼球在此阶段时会快速移动，而在这个阶段，大脑神经元的活动与清醒的时候相同）和非REM睡眠阶段，对整天几乎都在睡觉的新生婴儿来说也存在这种睡眠模式的反复。与成年人不同的是，新生婴儿这种反复循环所需的时间更短。成年人一个循环的时间为一个半小时至两个小时，而新生婴儿只有50分钟左右。这就是新生婴儿经常醒来的原因。这种睡眠模式得到一定程度上的稳定需要三个月左右的时间。过去老人们常说的“百日一变”就是以此为科学依据的。100天以后，孩子就不会总是半夜醒来，能安静地乖乖睡觉了。

睡眠—觉醒周期为24小时，根据各人的实际情况可能会有一些出入，我们就是以此为基准将人分为所谓的“早起型”或“晚睡型”。我们的社会完全偏向于“早起型”，甚至可以说我们天生爱早起。所以一大清早就必须上班的晚睡型职员总是用各自的方法去适应。周末睡一整天，或者必须晚睡的时候干脆整夜不睡，早上直接上班，因为他们知道如果凌晨的时候睡觉的话，到上班时间是肯定起不来的。新生婴儿的睡眠周期一开始并不稳定，一两年之后他们就能渐渐形成自己一天的睡眠周期。一般是24小时一个周期，但也可能更长或更短。

新生婴儿的睡眠周期也是天生的，有相较而言睡眠更好的孩子，也有睡眠较少的孩子。大部分婴儿都能够遵循24小时规则，但也有些孩子难以做到。因此父母需要仔细观察每个孩子的睡眠周期，为孩子制订一个恰当的睡眠规则。有不少妈妈都告诉我，第一个孩子睡眠正常，而第二个孩子睡觉的时候却特别难哄。这是天生的，对此我们好像也只能求佛祖保佑了。

怎样才能让孩子乖乖睡觉呢？最重要的是在观察每个婴儿不同的睡眠周期时，让孩子形成各自规律的生活节奏。孩子出生后的一年期间是记忆力发展的时期。反复的生活模式让孩子形成相应的记忆，形成条件反射，例如当孩子听到某些声音之后就能预测发生了什么事。睡觉之前，帮孩子洗澡，或让孩子反复听轻音乐，或者把灯光调暗，如果重复这些睡眠模式，孩子就能形成对睡眠的条件反射。我还记得我总是在孩子睡觉之前反复给他们放一首古典音乐，我的孩子们现在还记得那首曲子。

每个孩子睡觉前的习惯都不一样，我的小儿子睡觉前偶尔会做出一些让人难以理解的行为。到了睡觉的时间，儿子就会躺在客厅的地板上转圈圈。问他为什么这样，他告诉我“能量太满了”。儿子好像一困就会浑身发热，心情烦躁。所以当孩子开始转圈，我就会过去紧紧抱住他，嘴里说着“能量释放”。这样用尽全力紧紧抱着孩子一两分钟，他就会一边说“现在好了”一边进屋睡觉。白天尽情玩耍，把精力都消耗掉，晚上孩子才能睡得安稳。我想孩子睡前之所以会那样，应该是因为孩子的精力还有剩余的缘故。

我有一段时间是和孩子一起睡，还有一段时间是让三个孩子在一个房间里睡。我认为无论怎么睡，最重要的是睡眠的充足，我好像从来没有为孩子的睡眠问题烦恼过。

有人认为，为了让孩子养成良好的习惯，孩子晚上哭了也绝对不能哄，不能抱。但是不管孩子一开始因为什么而哭，哭的时间越长，孩子就越会被自己的哭声吓到，他们心中的恐惧就会加剧。

有一个为治疗忧郁症来接受心理治疗的病人，他说自己总能想起小时候在爸爸妈妈的房门前徘徊的情景。他记得，因为有一次进去后被骂，所以之后他都只是拿着枕头在房门前流着汗干站着。所以直到现在他还是会在下雨或忧郁的日子里服用安眠药以助睡眠。因为他的记忆让他明白，即使醒了他也无处可去。

不管原因何在，如果父母和孩子因睡眠问题而感到辛苦，他们就会陷入复杂的动力关系之中。晚上孩子不睡觉会让人感到无比讨厌，比较难办的是，这时父母对孩子产生的厌烦情绪通常难以恢复。父母和处于青少年时期的孩子一起来咨询的案例中，当

被问到从什么时候开始讨厌孩子时，不少父母的回答都是婴儿时期。婴儿不乖乖睡觉，爱哭爱闹，实在很不讨喜。而当妈妈在哄孩子的时候，丈夫却在别的房间睡觉。很多妈妈就是从这时开始对孩子渐生厌烦情绪，也和丈夫越来越疏远的。

3. 讨厌饿肚子——哺乳

关于喂奶的时间，是应该每当婴儿想喝奶的时候就喂，还是严格按照一定的时间间隔喂，谁都无法轻易回答这个问题。有的人认为，喂奶的时间应该有一定的规律，因为这样孩子的胃才会健康。但是按照我们的实际体验，比起饥饿给身体带来的负担，为了胃的健康而任由孩子哭个不停却不喂奶的行为对孩子能多有益呢？不言而喻的是，肚子饿的时候孩子会感到不快和痛苦，且这种感觉会直接印在孩子的心里。这种经历对孩子的“自我”形成过程会带来较大影响。我们常说的“自我”的形成不是什么巨大的奥秘，而是通过婴幼儿琐碎的日常生活经验积累而成。

断奶食品和挑食

孩子断奶之后，很多妈妈就开始要忙于拿着汤匙追着孩子满地跑了。饮食习惯直接关系到孩子的成长，所以让孩子“吃得好”成为父母不可推卸的责任。

大概4个月大的时候，孩子的摄食运动能力就开始发展起来。因此从这一时期开始，吞咽食物、消化碳水化合物的能力将得到发展。大概6个月左右，孩子就能够吃一些断乳食品了。孩子开始吃断乳食品之后，大家开始担心在无数食品中孩子可以吃的到底有多少。现在别说绿色有机食品了，未添加糖、人工调味料、食品添加剂等的食物也难得一见。现在首尔市内销售的断乳食品中添加了糖分的大概有25%左右，而添加了食品添加剂的占绝大多数。

此外，妈妈们还有一个忧虑就是，孩子愿不愿意吃自己尽心尽力做出来的“妈妈牌”断乳食品。有乖乖尽数吃下的孩子，也有妈妈拿着汤匙和孩子玩捉迷藏才肯吃的孩子，还有几乎什么都爱吃、从不挑食的孩子。

人类对味道最敏感的时期就是新生婴儿时期。人类出生之时大概带有1万个味蕾，随着年龄的增长，味蕾的数量逐渐减少，成年之后就只剩下约3000个味蕾来感受味道。所以新生儿年龄越小对味道越敏感，对陌生食物的抗拒就越强烈，这也算是孩子的一种生存本能。新生婴儿对甜味和苦味的敏感程度比大人强得多。在断乳食品中加入蔬菜孩子就不太爱吃的原因在于，孩子比大人更容易尝到其中的苦味。所以在断乳食品中放入各种营养材料可能会给嘴刁的孩子带来逆反效果，而且我们通常难以找出孩子不喜欢的材料是哪种。做出基础的天然底汤之后，在将食材一一加入的过程中找到孩子可能喜欢的食物。都说孩子的食性随父母，所以将父母喜欢和讨厌的食物一一记下之后再慢慢找出孩子的喜好，这才是正确的方法。

甜味和食品添加剂

孩子在养成饮食习惯的过程中最应该谨慎处理的就是甜味和食品添加剂，因为如果在其他味道之前先习惯于甜味的话，孩子很容易挑食，拒绝吃别的食物。大家都知道市场上销售的果汁里糖分含量较高，所以即使是水果，如果太甜，孩子也很容易养成爱吃甜食的习惯。

事实上，让孩子彻底远离甜的食物就像让成年人远离酒精一样困难。即使我不喂孩子吃，幼儿园或者周围的人也会经常给孩子甜食。孩子们喜欢的巧克力、糖果、冰激凌中含有名为双糖的糖类，让孩子容易沉迷于甜食。

有一种说法认为，孩子喜欢甜食不是后天养成的习惯，而是与妈妈的饮食习惯相关。孩子们喜欢的香肠、火腿肠等均含有一定糖分，一般果酱大概含有20%，比萨含有30%，酱料炸鸡含有40%的糖分。了解到这一事实我们就会发现，可以喂给孩子的食物甚少。孩子不经意开始吃起来的断乳食品或零食会让孩子在父母不知情的情况下逐渐习惯于甜味，特别是先天挑食或者消化功能较弱的孩子们将因此逐渐远离米饭。

专家们认为，孩子的不良饮食习惯大部分都源于父母的养育方式。怀孕或者母乳喂养期间的食物摄取习惯、断奶的方式、父母对待食物的态度、用餐环境、父母和孩子之间的依恋关系等出现任何问题，都可能对孩子的饮食习惯造成影响。要让孩子远离对他们无益的食物，第一个方法就是拒绝购买，即不把饼干、冰激凌、果汁买回家，在家里最好清凉饮品也不要给孩子喝。在外面吃或者爸爸疼爱孩子而纵容孩子一两次不可避免，但是只要不把这类食品囤积在家里，我们就能不费太大的力气而让孩子养成良好的饮食习惯。这些东西等孩子想吃的时候再给他们买就行了。

世上各种各样美味好吃的东西数不胜数，再加上各种食品公司为了吸引消费者，不断开发并使用各种让人感到美味的香料和调味料。我认为，妈妈能够为孩子做的最有效的也是最重要的一点就是让孩子在家里的时候不接触甜食或放了添加剂的食物。

虽然遵守原则很重要，但凡事都有例外。就算原则已定，如果孩子实在太想吃的话，我们也要会变通，答应孩子的请求。每个人都有放学后吃垃圾食品的记忆，想吃却吃不到是一件多么不幸的事啊！所以我们一定要学会变通，这才是利人利己，避免进

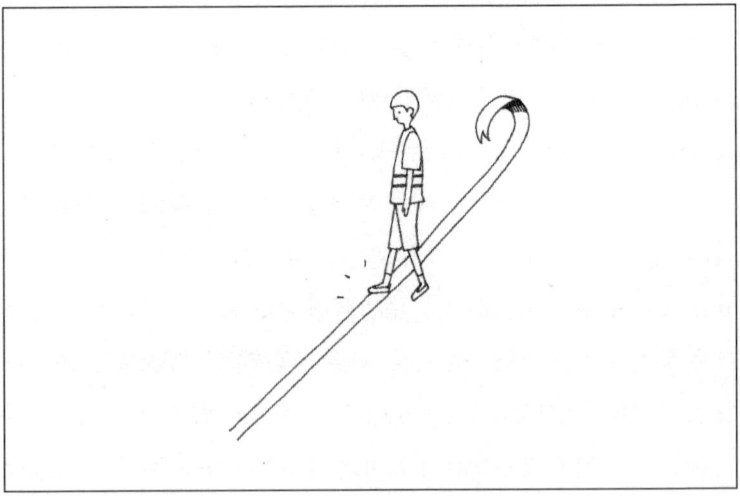

入“强迫的电路”的正确做法。原则只是我们人为定下的一条行为准绳，可以被超越，且即使被超越也不会有任何后果，但是随着时间的推移，能够让孩子意识到这条准绳的存在。

4. 不是妈妈——认生

孩子出生8个月到10个月左右的时候看到陌生人会哭，因为这时他们的认知能力得到一定发展，能够将妈妈和不是妈妈的人分辨出来。婴儿刚出生的时候视力大概只有0.1度，他们只能判断出光的强弱和物体存在与否。随着视力和认知能力的发展，孩子渐渐开始能够将每天给自己带来欢乐的妈妈和其他人区分开来。

“认生”出生5个月的时候和爸爸妈妈分开了，因为他们不得不去国外。半年后第一次见到妈妈的那一刻，他哭着躲到奶奶的身后，嘴里喊着“不是妈妈”。之后“认生”跟着妈妈一起去国外生活，一年后回到故乡的时候已经不认识奶奶了。不仅如此，他总是一只手牵着妈妈，将另一只手藏在身后，不让任何人牵。无论奶奶和亲戚们怎样试图牵他的手，他都不理会。他有很长一段时间都是抓着妈妈的裙摆，上哪儿都跟着妈妈。妈妈坐下的话他也一起坐下，妈妈起身的话他也起身。

通常在这种情况下，前一种表现被称为“认生”（strange anxiety），后一种表现被称为“分离焦虑”（separation anxiety）。通过认知将主要养育者与他人区分开来的行为就是认生；而分离焦虑则是由于孩子对客体产生严重的依恋，导致他们无法忍受一时半刻的分离，这主要是孩子在两岁左右暂时出现的一种心理状态。

认生是孩子将妈妈和非妈妈的其他客体进行区分的一种能力，这意味着孩子与重要的客体之间建立关系的能力得到一定发展。这个时期的孩子开始在心中对妈妈进行内在化，并逐渐形成对妈妈的依恋。换言之，这意味着在婴儿的精神世界中，妈妈的存在开始变得重要起来。美国的精神分析家雷内·A.施皮茨（Rene Arpad Spitz）提出，孩子在对客体进行内在化之后才能够形成性冲动的依恋关系。现在，孩子开始对妈妈产生依恋情绪，并以与妈妈的关系为基础逐渐形成自我。

5. 请刺激我的大脑——成长

身体活动

百日之后，婴儿醒着的时间就会变长，和妈妈在一起玩的时间也就变得多了起来，在这个时期帮助孩子多进行身体上的活动十分有益。身体上的刺激会影响到大脑的活动，因此，在帮孩子换尿布的时候要帮孩子按摩、拉伸四肢，时不时地用手抚摸孩子的背部，带孩子四处走动，都能让孩子心情愉悦。

我的两个女儿个子都是169厘米，她们个子高是随父母吗？这个问题很难回答，我和孩子出去的时候，人们说“像爸爸所以个子高吧”；爸爸跟孩子一起出去的时候，人们又都说“孩子像妈妈所以个子高吧”。孩子小时候睡觉醒来，我总是会帮她们按摩和伸展身体各个部位，孩子们非常喜欢，所以我一直坚持这么做。我记得是在一本书上看到说持续刺激膝盖的某个部位有好处，所以才一直坚持为孩子们做的。于是当被问到怎样做个子才会长高时，我通常都会把这个方法告诉别人。

我还想把这个方法推荐给总是因睡懒觉的问题和孩子讨价还价的家长们。叫孩子起床好几次还是没反应的话，我们通常就会忍不住一大早就对孩子大喊大叫。这时，对孩子说“5分钟以后就起来啊”，时间到了以后重新走进孩子的房间，从脚部开始慢慢地按摩，引导孩子伸懒腰。这样做不仅能够叫醒孩子，还能让孩子心情愉悦。

妈妈的声音

对婴儿来说，最亲切、最熟悉，也是最能让他们感受到情感的就是妈妈的声音。事实上，当孩子哭泣的时候，只要听到妈妈的声音他们就会哭得更加卖力，这是所有妈妈都有的经验。最能给孩子带来心理上安全感的就是妈妈的声音，在孩子语言能力开发的过程中，妈妈的声音也是最有效的。外国曾有这样一个事件，教授语言的某广播被认为无益于语言的开发和发展，而制作该广播的公司通过法律途径做出回应，认为这一广播节目没有任何帮助的原因在于它对孩子如何学习语言这一问题缺乏正确的理解。孩子们观察大人说话时的嘴巴形状后进行模仿，从而学会发音。有经验的人应该都知道，妈妈说话的时候孩子通常都会盯着看，用心地观察。因此，通过画面将学习过程进行图像化，利用听觉教授发音的广播形式的教学方法自然对孩子语言能力的开发没有任何帮助。

所以说，和孩子进行眼神交流，妈妈那饱含情感的、亲切熟悉的声音不才应该是开发孩子语言能力的最有效的工具吗？

音　乐

胎儿会根据音乐的不同类型做出不同的反应。根据脑部的研究结果，音乐可能对血压、脉搏、肌肉的电极反应产生直接影响。最新研究表明，音乐可能有利于促进和强化大脑皮质脑细胞之间的连接。关于莫扎特效应（指在听了莫扎特的音乐之后，听者的时间、空间推理能力出现了暂时性的提升现象），加利福尼亚州立大学戈登·肖博士的报告指出，听复杂的古典音乐比其他种类的音乐更能够刺激前额叶皮质。前额叶皮质关系到人的高等思考能力，从3岁左右开始得到发展。但是我的个人经验让我相信，音乐对孩子的成长在多个方面都有利无害。

结婚以后，正好丈夫的学位论文就是通过试验验证胎儿对不同种类的音乐会做出不同的反应这一论述。令人吃惊的是，试验的结果证明了这一论述的真实性。因此，从胎儿时期开始，我就时常对孩子进行音乐胎教，孩子出生以后我总是根据孩子睡着或醒着的状态，给他们听不同旋律的音乐。特别是孩子睡觉的时候，我会反复放同一首乐曲，以至于孩子们一直以为睡觉之前本来就要在关灯后放这首曲子。直到现在，我的孩子在外面如果偶然听到这首曲子都会觉得亲切。还有一个很有趣的经历就是，我的大女儿两岁左右的时候嘴里总是哼唱难度很大的曲子，特别是意大利歌曲《女人的心》。她总是用韩语哼唱第一小节，用意大利语哼唱第二小节。这是小时候我经常给孩子听的磁带里面收录的歌曲，她总是一边蹒跚行走，一边嘴里唱着“女人心如芦苇”。

记忆力开始于孩子出生后初期，听觉记忆也包含在内。

内心的发展1
口腔期

身体的变化和发展直观明显所以并不难以理解，但是要理解内心的成长发展并非易事。阅读育儿书籍或和孩子成长相关的书籍我们可以发现，书中经常使用“自我”“自我尊重感”“自我的成熟”等字眼，这些词汇包含着“非直观的内心发展过程”，内涵深刻，理解起来并不容易。

综合总结研究孩子成长发展过程的学者们的理论我们可以得出，孩子的内心以自身先天的性格为基础，通过外部环境，特别是与母亲的相互作用得以发展。弗洛伊德从本质上认为孩子的“性能力”（泛指一切身体器官的快感，包括性倒错者和儿童的性生活）和“攻击性”是与生俱来的。反过来，像温尼科特那样的客体关系理论家们认为，“孩子的内心是一张白纸，在与母亲的相互作用过程中逐渐增色添彩”。从这一立场出发，攻击性不是一种天生的性格，而是“欲求受挫”的结果。在与母亲的关系中如果欲求没能得到充分满足，孩子就会体现出其攻击性。无论源于何，孩子的内心在与父母的相互作用过程中逐渐形成的这一事实不可否认。

所谓内心，我们可以将之表述为“自我”，内心的成长则可以换言为“自我的成熟”。自我尊重感强通常用在形容自我得到健康发展和自我成熟的时候。这里所说的“自我尊重感”与“自尊心”是完全不同的概念。我们平常经常使用的“自尊心强”这一表达有时也可能是为了保护薄弱的自我尊重感而树立起来的盾牌。

那么内心，即自我是如何形成的呢？简而言之，是通过亲身体验而形成的。就如上文所述，温尼科特等认为，“通过身体获得的每一次感受都会为内心画上一笔”。无论是什么，打破身体平衡的任何行为都会让孩子感到不快或痛苦等坏的情感，而这也同样会在孩子的内心留下痕迹。

举个例子，肚子饿会打破婴儿的身体平衡，让孩子感到痛苦。而孩子吃饱后身体的平衡得到恢复，孩子的内心会产生愉快的感觉。无论是什么，身体保持平衡状态就能让孩子内心感到愉快或幸福，这将成为孩子形成健康自我的基础。根据这一理论，我们有必要再次思考这一问题：我们是否应该为了规律地给婴儿哺乳而无视孩子的哭闹，孩子半夜哭了我们是否也应该置之不理？

1．出生后3个月：出生后却仍处于子宫内的时期（正常自闭阶段）

新生儿的视力大概只有0.1度，这意味着婴儿无法清晰地看见事物的形体。新生儿对味道、声音、气味、光线、触摸等做出反应的时候，对与口腔相关的感觉尤为敏感，但他们对这种感觉的出处或刺激的来源并不明确，还无法分辨刺激来源于人类还是非人类，无法分清自己的内部和外部。肚子饿了就哭闹，吃饱了就安静下来；尿布湿了会感到不舒服，换了尿布变得清爽舒适之后会感到心情愉悦。他们对谁在照顾自己这一问题不感兴趣，也难以感知，要让他们认识到照顾自己的是谁还需要很长的时间。弗洛伊德将这一时期称为“原初的自恋”（primary narcissism），马勒及其他学者则将之称为“正常自闭阶段”（normal autistic phase），即新生儿仍处于子宫内的状态，维持着与现实隔绝的闭塞心理体系。

这一时期身体上的安定将成为自我形成的核心，虽然不知道照顾自己的是谁，但是身体上的舒适和安定将对自我的形成产生重要的影响。

2. 3至12个月：只有妈妈和我（正常共生阶段）

新生婴儿的视力逐渐变好，能够看见周围事物，认知能力得到一定发展之后，他们就能感知照顾自己的客体，知道这个名叫“妈妈”的客体的存在，并且将妈妈纳入自己的世界。这样一来，虽然婴儿还是与外界保持着断绝的状态，但是他们逐渐开始感受到妈妈和自己是一体的，就像一个花生壳里的两颗花生米，世上只有妈妈和“我”的存在，这一时期被称为“正常共生阶段”。

8个月左右的时候，婴儿会产生皮亚杰所说的“客体恒常性”（object constancy）。换言之，随着婴儿的认知能力不断发展，即使把玩具放在眼睛看不到的地方，孩子也知道那个地方玩具的存在。这一时期孩子会开始认生，认生意味着孩子开始能够认出“我的妈妈”是谁了。妈妈的存在越来越重要，妈妈和孩子开始在母婴关系中形成情感的交流。婴儿将妈妈的情绪信号当成区分安全或不安全的标准。在陌生的环境中，如果妈妈感到没关系的话孩子也没问题，妈妈感到不安的话孩子也会同样感到焦虑。像这样将妈妈的不安等情绪表现转换成矛盾或危险信号的能力开始于妈妈对婴儿情绪性行为的反应。简而言之，孩子表达自己的感觉时，如果妈妈的反应恰当且具一贯性的话，孩子就能产生这种能力。英国的心理分析家约翰·鲍尔比将之看成“安全型依恋”（secure attachment）的基础。

3. 12个月以后：牵着妈妈的手体验世界（孵化过程）

母鸡将鸡蛋抱在怀中一段时间之后，小鸡仔破壳而出的瞬间就完成了孵化的过程。一直认为世上只有妈妈和自己的孩子打破隔膜来到外部世界的过程被称为“心理孵化过程”。随着认知能力的发展，孩子开始学会走路，逐渐认识到妈妈和“我”是分别独立的个体，世界上除了妈妈和自己还存在无数其他的客体。这一时期孩子开始接受外部世界，孩子1岁之后就会自发地去探索外部环境的奥秘。他们开始对周围的事物感兴趣，对世界充满好奇，比起在妈妈的怀里，他们更喜欢迈着蹒跚的步伐自己去探索感兴趣的事物。和妈妈分开后孩子是否会感到巨大的心理焦虑这一问题与妈妈的情绪安定性相关，因为孩子和妈妈仍然是心连心的。

出生后大致一年的时间内，孩子心中都将妈妈和自己看成世界的中心，虽然身体是分离开的，但在心理上处于绝对的依赖状态。所以这一时期，妈妈的忧郁就是孩子的忧郁，妈妈的不安会变成孩子的焦虑。鲍尔比认为，孩子产生安全型依恋还是非安全型依恋的问题与妈妈的情绪状态或妈妈对孩子的照顾相关。

肛门期
——固执开始的时期（1~3岁）

出生后一年半左右，孩子肛门的括约肌开始发达起来，这一时期孩子将经历两个重要的发展过程。第一个就是认知能力中的协调能力得到发展，触摸物体，试图通过手或者其他身体器官来进行验证的时期，并通过这种运动功能的发展刺激脑细胞的活动，促进神经元和神经网的发展。简而言之，孩子的“智力”开始发展起来。所以对这一时期的孩子来说，怀抱着好奇，直接触摸和体验物体的经历十分重要。

第二个是随着情感逐渐分化，孩子的攻击性将得到巨大发展。这一时期孩子总会把“讨厌”二字挂在嘴边，还会表现出强烈的固执。攻击性和爱一样，是组成情感的两大山脉中极为重要的一支。想做什么的动机或力量的相当大一部分都源于攻击性，所以孩子的固执或攻击性并不是什么让人除之而后快的东西，而是需要我们去引导其发展方向的人生的重要原动力。

1. 排便训练

出生后1年6个月左右，婴儿的肛门括约肌开始发达起来，这意味着孩子能够控制排便，能够忍耐和排放，意味着孩子已经不再需要尿布了。

在括约肌得到发展之前就早早地进行排便训练的话，孩子会因被要求去做自己没有能力做到的事情而产生压力，由此而产生的心理焦虑如果持续下去的话，会让孩子在开始做每件事的时候都质疑自己的能力，长此以往可能会让孩子成为一个有强迫性倾向或没有自信的人。

"还我便便"

在儿童治疗案例发表会中，我曾听到过这样一个案例，接受游戏治疗法的孩子看见自己的大便被便池冲走的时候哭闹起来，嘴里喊着"还我便便"。我不知道现在还有没有这样的童话故事，孩子小的时候，我总给他们读的故事书中有一个关于"大便朋友"的故事。我记得大概是上完厕所以后跟自己的"大便朋友"摇手说再见的故事。对妈妈来说，孩子能够大小便自理和断奶一样，都是她们"盼星星盼月亮"一般期望实现的愿望之一，因为这能让她们省不少心。第一次带孩子的妈妈们可能会因为不知道什么时候对孩子进行排便训练而苦恼，最后可能会强制孩子进行排便训练，给他们带来负担。

根据梅兰妮·克莱茵的观点，婴儿有把所有物体都看成客体

（甚至自己的身体部位），将它们都编入故事中去的倾向。孩子尤其会将自己身体内部的“大便”看成非常重要的一个客体，他们可能将“大便”看成自己的一部分，也可能将之看成玩耍的对象。在被告知之前，他们并不认为大便是一种肮脏的东西。有时孩子也可能对排便感到害怕，特别是在水洗式便池的情况下，水流产生旋涡将大便冲走的场面可能让这一时期的孩子产生恐惧心理。所以就像童话故事中那样，对自己的排泄物说“朋友再见”的游戏有时十分有必要。

什么时候开始排便训练最恰当呢？大概到了一定时期，妈妈和孩子自然而然就知道了。排便的时间间隔变长，或者从大便的样子上能够看出孩子使过劲的痕迹时，就能证明括约肌开始发达起来了。

排便训练不顺利的时候，妈妈切记不要在这上面过于费心，因为每个孩子的发展都会有所不同，这时学会耐心等待十分重要。成年人通常在压力大的时候会便秘，孩子也一样。当孩子不想在坐便器上排便的时候，我们最好要弄清楚个中缘由。

特别是从这一时期开始，孩子情感的分化会变得更加多样化，“怒气”或者“攻击性”将得到更具体的发展，也就是说孩子会渐渐变得不听话起来。从感到不舒服时只会哭的阶段过渡到总说“不要”“讨厌”这种话的阶段，孩子渐渐开始固执、任性起来。

2. 讨厌

孩子脱离奶瓶和尿布之后，心里想着总算能够喘口气休息会儿的时候，妈妈们又开始面临另一个难题，不，也许另一场战争的开始这种表述更为恰当也不一定。孩子长大到能够自己站立或坐稳时，他们就想要为所欲为了，所以孩子在这一时期开始学会用语言表示拒绝。把所有的玩具全部拿出来玩，翻弄妈妈费心整理好的抽屉，无论妈妈做什么都硬要插一脚，在人多的地方耍赖，让人哭笑不得，无可奈何。

这是孩子发展过程中的正常表现。认知能力得到发展使孩子对周围的事物产生好奇；运动功能的发达让孩子总是试图亲力亲为；判断能力的匮乏让孩子竟挑些挨骂的事情去做。特别是孩子在做一些可能存在身体危险的事情时，宽容的爸爸妈妈也会变得“小心眼”起来。当孩子固执起来的时候，父母就会陷于一种两难的境地，不知道是应该放任还是应该阻止。

这一时期孩子的发展过程中，有两点我们必须认清。第一就是，这是认知能力中协调能力的发展时期。前面讲到口腔期的孩子们会将所有的东西放进嘴巴里进行感知，因为只有这样他们才能确认物体的实质。肛门期是触摸物体，试图通过手或者其他身体器官来进行验证的时期，并且通过这种运动机能的发展刺激脑细胞的活动，促进神经元和神经网的发展。简而言之，孩子的“智力”开始发展起来。所以对这一时期的孩子来说，怀抱着好奇，直接触摸和体验物体的经历十分重要。这一时期的孩子对整个世界充满了无限的好奇心，但由于他们的判断能力还很弱，所以我们要注意让他们远离危险的事物。

第二就是，这一时期情感开始逐渐产生分化，特别是攻击性将得到巨大发展，所以弗洛伊德曾提出“肛门攻击性”的说法。虽然也有学者认为攻击性在此之前就已得到发展，但是大体上占支配地位的理论都认为，这一时期随着情感的分化，攻击性得到较大发展。如上文所述，攻击性和爱一样，是情感两大山脉中重要的一支，想要做什么的动机和力量的绝大部分都源于攻击性。虽然攻击性的表达在我们看来有时可能显得不太积极，但是个人独立自主的能力和贯彻自己所想的力量都源于此。

英语单词“aggressive”可以解释为“具攻击性的”，也可以解释为“积极主动的”。前面也有所言及，我们所处的文化圈使我们在这一方面非常薄弱。美国的教育以让孩子独立自主为目的，因为美国人认为创意及执行力皆源于此处。虽然我们也在努力试图改变我们的教育理念，但是要改变传统习惯和教育方式着实不易，不是一蹴而就的。

那么我们应该如何应对这一时期孩子们表现出来的固执呢？首先，父母认识到这是发展过程中的正常现象这一点非常重要。其次，由于孩子还没有判断能力，所以责骂或体罚都是无用之举。判断功能与大脑皮质，特别是前额叶相关，直到3岁之后才会正式得到开发。所以父母因孩子的固执而生气的时候，孩子只会产生“妈妈讨厌我”的感觉而已。

这一时期，父母又不可能放心让孩子一个人去游戏场所，所以我认为最好的解决办法就是尽可能把家庭改造成以孩子为中心的场所。把危险的东西放在孩子碰不到的地方，把家具的尖角部分用布或柔软的东西包起来。孩子处于这一时期的时候，说不定放弃干净整洁、有条有理的生活才是明智之举。

尽量不要带孩子去人多的地方，因为这对孩子来说是一种折磨，而对周围的人来说也是麻烦。其实没有带过孩子的人是无法理解妈妈育儿的压力之大的。和隔壁家的妈妈一起出门购物，顺便透透气，这对妈妈们来说甚至可以被称为是一种享受。虽然想去展示会或博物馆，但却难以实现。带着孩子去那些人群集中的地方必定会十分辛苦，要想去的话最好还是先把孩子托付给别人照看。在我的记忆里，孩子小的时候好像的确除了爷爷奶奶和外公外婆等亲戚家就没有去过什么别的地方了。

我的孩子太固执了

如果说刚开始带孩子的妈妈有一个共同愿望的话，那就是从奶瓶和尿布中解放出来。但是等孩子长大到一定程度，学会走路，妈妈能够多少放下心来的时候，很多妈妈又会产生还是“躺着的时候最省心”的想法。这时妈妈必须面临的最大困难之一就是应付孩子的“固执”，毫无道理可言的固执。

人类能够位居灵长类之首的原因之一在于，人类能够直立行走。其他动物靠四肢来移动，而人类只需要用到两条下肢，另外两条上肢则用于制造工具。孩子在能够直立行走之后该多么得意扬扬啊！以前只能躺着，眼中所见的只有雪白的天花板，而站立起来之后，孩子的视野角度发生变化，他们发现这个世界是多么的令人惊讶！他们感到一切都那么新鲜，感到自己无所不能。这时，如果不能随心所欲的话孩子将感到多么郁闷和挫败啊！

前面说到，这一时期孩子的情感逐渐开始分化，攻击性也正式开始得到发展。

妥善解决肛门期的矛盾将对未来孩子性格的形成产生深远影响。例如，追求秩序井然和干净利落，讨厌脏乱的成年人被认为是肛门期的矛盾未能得到解决而一直遗留下来的一个案例；对每件事都良心泛滥，对每件事都追求完美、精确的行为则被认为可能是对肛门期出现的规律性过于执着的产物。

有的孩子把东西排好顺序之后，一旦顺序被打乱就会大哭；有的孩子沾到一点儿脏东西就跑过来要求帮忙擦掉。他们的这种行为表现都可以理解成肛门期的矛盾。这一时期出现的各种行为都是暂时性的，大部分都会消失。我们只要找到这些行为背后隐藏的矛盾或焦虑是什么就可以了。但是随着孩子逐渐进入学龄期，这种行为仍然不减的话，我们就有必要进行一番探讨了。例如，写字的时候觉得字写得不好就撕掉重写，文具上沾到一点儿东西就要买新的，有一点儿错误就全部毁掉从头再来，当孩子表现出这种倾向的时候，我们可以将之理解为肛门期攻击性或焦虑未能得到解决而被一直遗留下来。这时，指责或强迫都只会使情况恶化，引起孩子与父母之间的矛盾。父母无法解决的时候最好是向相关专家寻求帮助，这有可能在一定程度上是出于孩子本身的性格，也有可能是对父母行为的模仿。

3. 妈妈别走——分离焦虑

在职场工作的妈妈通常都把孩子托付给娘家。孩子本来一直都很听话，早上乖乖地和妈妈说再见，晚上和奶奶一起睡。但不知从哪一天开始，孩子突然开始誓死缠着要上班的妈妈，跟着妈妈到玄关处，紧抱着妈妈的大腿。好不容易挣脱开，孩子又缠上另一条腿。每天早上就像经历一场生离死别一般。

孩子学会走路之后，即使和妈妈分开也能够玩得开心。但是突然有一天他们变得离不开妈妈，哪怕是一分钟也不愿意和妈妈分开。本来玩得好好的，要是回头发现妈妈不见了就会变得极度不安。孩子们变得越来越任性，排便也出现倒退现象。

玛格丽特・马勒（Margaret Mahler）将这一时期命名为“和解阶段”（rapprochement phase）。运动能力得到一定发展之后，孩子就逐渐开始接触外部世界了。而孩子的内心世界仍然还没有做好和妈妈分开的准备，以致孩子和妈妈分开时会产生焦虑情绪。孩子学会走路之后开始发现世界充满新奇，于是带着好奇心迈开步伐。但是到这时他们突然会心中渐生恐惧，时刻寻找妈妈，因为孩子心理上的发展还未发达到能够独立行事的程度。

随着认知能力的发展，妈妈的存在更为凸显。在此之前，照顾自己的是妈妈也好，是奶奶也罢，都可以接受。但是现在，妈妈的存在变得明确清晰起来。一方面孩子逐渐走向外部世界，另一方面与妈妈的分离让孩子内心产生恐惧。马勒引用弗洛伊德的说法，把这种感觉称为“对客体丧失的恐惧”，即客体丧失感。一直以来，孩子都是在妈妈的带领下认识世界的，所以突然放开妈妈的手会让孩子产生失去妈妈的恐惧心理。

马勒将这一时期孩子的焦虑称为“恐慌状态”，因为这一时期孩子的焦虑比其他时期更为严重。这种焦虑大部分产生于身体，或认知发展和心理发展的不平衡，因此这种现象在早熟的孩子中尤为突出。

“早熟儿”从小就能言善辩，两岁前他就会使用“牛奶”“果汁”等名词来表达自己想吃的东西，而两岁之后，他就能读书造句了。他喜欢人多，只要别人一唱歌就会跟着唱。妈妈和他聊天永远不会觉得无聊。这么招人喜欢的孩子长到两岁之后就突然变成了一个任性的讨厌鬼。随处大小便，每次妈妈出门的时候都哭闹个不停，无缘无故地要赖皮。

这一时期对父母而言十分艰难，因为父母以为好不容易盼到能够从带孩子的辛苦中获得喘息的机会，但事实却让他们充满挫败感。摆脱奶瓶和尿布，孩子也学会走路，父母觉得终于可以安心的时候，孩子反而越活越回去了，让父母们感到措手不及。孩子好不容易能够听懂大人话了却又任性起来，让人无可奈何。父母担心孩子会养成不良习惯，所以无法过于宠溺孩子，但又不能置之不理，以致陷于两难之地。这时，要是正好有了弟弟或妹妹的话，爸爸妈妈和孩子都会更加辛苦。父母希望稍大点儿的孩子能够做一个合格的好哥哥好姐姐，而孩子却还没有做好离开妈妈进行独立的准备，这种状态下让孩子让位给弟妹无疑会使孩子自我尊重感变弱，加深他们心中的焦虑。

为了解决这种分离焦虑，妈妈需要告诉孩子自己永远会守在他们身边，帮助孩子不被心中的焦虑不安或紧张打倒，维持他们心中的平衡。即使孩子无缘无故地哭泣、耍赖、打滚，妈妈也不要受影响而同样变得激动或者生气，而是要让孩子平静下来，告诉孩子妈妈会一直守在他们身边这一事实。保证孩子无论何时回头都能看见妈妈守在原地，让孩子感到有人会一直成为自己的依靠。妈妈需要铭记于心的是，无论孩子多么能言善行，在3岁之前他们仍然是绝对离不开妈妈的“小宝宝”。

俗话说，“三岁看八十”。研究婴幼儿发展过程的学者们一致认为，孩子出生之后的3年时间是孩子人生中最重要的时期。这3年的重要性不断受到强调，是因为这是内心（自我）的框架成形的阶段。兄弟姐妹间的年龄间隔最好保持在3年的说法也基于此。虽然并非易事，但是孩子3岁之前最理想的就是由妈妈亲自教养，包括需要工作的职业妈妈们。

就我的经验来说，在这一时期管教起不了什么作用。因为这一时期的孩子不仅还听不懂大人话，而且他们的认知能力还未发达到懂得照顾他人的程度。与其阻止孩子做些什么，不如找一找该如何鼓励孩子做些什么，我想这才是更为明智的做法。育儿书上通常会介绍各种各样管教孩子的方法。像“倒计时”等这种体罚方法大部分都用于矫正孩子的行为，但我认为那些大都适用于3岁以上的孩子。事实上，这一时期是整个育儿过程中最艰难辛苦的一个阶段。因为在这一时期，孩子全然依赖于父母，父母需要与无法听懂语言的孩子不断进行情感交流。如果没有对孩子的无尽的爱和耐心，以及充足的体力，妈妈将难以承受这种辛苦。

缠着要上班的妈妈

如果你问出入职场的妈妈们什么时候最想辞职不干，她们会告诉你每天早上孩子抱着自己的大腿不放手的时候。妈妈因为孩子而想放弃工作的时刻数不胜数：怀孕期间挺着个大肚子爬楼梯的时候；坐在桌旁太久以致肚子变得硬邦邦，感受不到胎动而担心孩子是不是出了什么问题的时候……产后给孩子断了母乳回到职场的时候不禁会想，自己这样在孩子和工作之间挣扎是为了什么。妈妈感到最辛苦的时候就是一直以来表现正常的孩子突然开始任性，无法离开妈妈，每天早上都要经历一场大战的时期，这差不多就是孩子产生分离焦虑的时期。

孩子一旦进入分离焦虑时期，不想和妈妈分开的状态将持续较长一段时间。由于向来正常乖巧的孩子可能会产生各种忧郁的反应，所以妈妈也必然随之变得抑郁起来。这时，我根据自己的亲身经验额外告诉大家一个可行的办法。请一两天假带着孩子去自己工作的地方转一转，让孩子看一看从妈妈消失在他们视野中到重新回到家里这段时间内妈妈走过的所有地方，做的每一件事。妈妈穿上上班时穿的衣服，带着孩子上班，就跟平常一模一样，然后把所有细节都一一告诉孩子：“妈妈在这里坐地铁，然后再乘坐电扶梯。上去以后就是妈妈工作的地方，想要进去的话必须刷卡。然后妈妈就戴上有妈妈照片的‘项链’。这里是妈妈工作的桌子。向旁边的老师问，‘你好’。要不要在妈妈的桌子旁照张照片？然后吃午饭的时候大家一起出去，妈妈就和同事们在这里吃饭……”

分离焦虑源于对妈妈消失不见的恐惧，所以这样做就等于把妈妈消失的过程实际展现在孩子面前。当然，两三岁孩子的认知能力还没发达到能够画出这种路线图的程度，但是孩子的观察能力和感觉强于认知能力。孩子能够将妈妈的位置图像化，靠感觉去刻画和呈现。只要工作的地方允许，妈妈最好尝试各种办法，帮孩子画出妈妈在“消失的期间”做些什么。

孩子还小的时候，我在学校工作，一边攻读博士，一边讲课，还要不时出入研究所。有一次我带着孩子们去学校的生物实验室，给他们看了老鼠和兔子。大女儿好像对这件事记忆比较深刻，她从那以后就总是问我关于学校的事，特别是实验室里的老鼠和兔子，因为这些动物都是用来做实验的，所以早就死了。我记得孩子好像有很长一段时间都在问我它们的情况。

把妈妈身体的一部分看成客体

“不知从什么时候开始我总是失眠，时常感到疲劳。晚上睡觉的时候，孩子总是摸着我的胳膊肘入睡。当我感觉孩子好像睡着了，试着把胳膊抽出的瞬间孩子就会马上醒过来。没有妈妈的胳膊就没法睡觉，我的胳膊肘上都被捏出印儿了。因为孩子摸我的胳膊肘让我特别敏感、不舒服，所以实在睡不着。”

“我的孩子也有这毛病，他喜欢抓着我的头发用手指搓着玩。特别是犯困的时候，一边喝着牛奶，一边用手指卷我的头发。有时候一两股头发没有卷好打结了的话真的很疼，但是在孩子要睡着的时候，即使疼我也无法喊出来，真是太痛苦了。不过幸好孩子睡着以后我可以把头发抽出来。”

孩子对小时候盖的毯子、玩的玩具或娃娃等表现出依恋的现象十分常见。但是真正进行临床试验或父母教育的话我们可以发现，比起对这些物体，孩子对妈妈身体一部分的依恋更为普遍。父母对孩子依恋毯子或娃娃、玩具等的行为表现得十分宽容。问题是当孩子依恋的客体变成妈妈身体的一部分时，妈妈将在身体上受到较大折磨。刚开始的时候妈妈们会感到疑惑不解：这种行为是吮吸手指头的一种代替吗？或者自己成了毯子或娃娃的替代品？按发展时期来看，这种依恋的出现的确晚于孩子吮吸手指头的行为，并且持续时间更长久。所以我想，孩子的这种行为是不是更接近于依恋毯子或娃娃的替代。

虽然没有相关统计数据，但是就我的个人经验来说，这种将妈妈身体的一部分看成自己的客体的行为好像大部分都出现在职业母亲的孩子当中，而且这种行为通常会持续很久。

虽然旧了，但却珍贵

孩子通常会对自己小时候盖过的毯子或柔软的毛绒玩具等表现出较大的依恋。大人也是一样，整理旧东西的时候，即使已经没有用处了，但还是不舍得扔掉。因为这些旧东西承载了自己的记忆，讲述着一段段的故事，它们是情感的寄托。孩子更是如此，小时候，当没有人在身边的时候，这些东西曾安慰过自己，所以它们对自己而言不是物体，而是重要的客体（object）。温尼科特将之看成孩子的正常发展过程。他认为，作为过渡期的客体，这些东西在拓展客体关系的领域这一方面起着重要的桥梁作用。

“旧毯子”之于孩子就是如此，就像旧箱子中无法丢弃的满载回忆的东西。虽然不是活着的客体，但是对自己来说就像有生命的客体一样，每当感到不安、孤独的时候就能给自己带来安慰，这就是“旧毯子”的作用。这些珍爱的客体是只属于自己的固有领域，即使长大成人以后将仍然保留，有时还可能会发展成个人的兴趣爱好，或以艺术创意的形式体现出来。像给自己带来安慰的“旧毯子”一样的东西，让自己可以在自己的领域中表露情感，不受他人妨碍。青少年时期的孩子喜欢听音乐，沉迷于电影的行为也可以在这种理论中得到解释。

4. 妈妈在心中——客体恒常性

在养育孩子的过程中，我们总是会因一些琐碎的小事而感动不已，这一个个瞬间总是让人难以忘怀。这件事发生在我大女儿两三岁的时候。那天就像平常一样，睡觉前我和孩子面对面躺在床上，我给她念童话书。孩子不看童话书而是目不转睛地看着我说道：

“妈妈的眼睛里有甘霖（好像是作者女儿的名字，一语双关？）。”

一开始我都不敢相信自己的耳朵，虽然女儿说话比较早，但是像这样明确的表达让人无法不感到吃惊。当然，她并不知道这句话的意思，这只是她在看见妈妈瞳孔里自己的影子之后说出的话。但是即使岁月流逝，这句话给我带来的感动仍然无法消逝。

妈妈在自己心中，亲爱的妈妈在自己心中，这意味着什么呢?

“不听话妈妈就走了”：客体丧失和客体爱的丧失

“小固执”的妈妈因为孩子脾气太倔太固执而苦恼不已。他只要有自己想要的东西就会死缠到底，直到当场给他买了为止，说以后买也没有用。哄他说“以后再给你买”，威胁说“再这样妈妈就走了”，全都不管用。

孩子耍赖或者不听话的时候，妈妈不经意下使用“妈妈走了”这句话的频率有时令人十分惊讶。虽然这句话并不是出于真心，但是妈妈们总是在生气伤心的时候不禁说出口。这句话对孩子的内心情感会产生怎样的影响呢?

为了正确理解这一现象，我们需要先了解“客体丧失”和“客体爱的丧失”之间的差异。前者的潜藏台词是“妈妈不见了怎么办”，后者则是“妈妈不爱我了怎么办”。理论上，前者出现在肛门期向和解阶段的过渡时期，后者出现在之后的性器期阶段。虽然听起来像是无聊的玩笑话，但区分这二者十分重要。

心里空落落的，世上没有任何人的感觉和“我”爱的人可能会对自己失望的感觉从心理情感上来说存在巨大的差异。客体丧失导致“我”的心中没有任何客体，这种感觉会让孩子产生独自一人被遗弃在这个世界上的感觉，野兽来了也没有人会帮助自己。空虚和恐惧有时会发展成恐慌状态，这就是“客体丧失”带来的恐惧。这种恐惧可能使孩子晚上不敢自己一个人睡觉，患上夜尿症，或者在妈妈出门的时候变得极度焦虑。

反过来，“客体爱的丧失”是在客体存在于孩子的内心之后，对失去来自客体的爱的担心。这是一种关于“我爱的人不再关心我，时时关注自己的视线消失了”的情感。这可能表现为忧郁、无助感，有时也可能是让父母失望的自责感等，这些情感都源于客体爱的丧失。

当然，前者是后者发生的前提，但是这两者的本质差别在于心中是否有客体的存在，即孩子心中有没有妈妈的存在。妈妈殷切渴望孩子拥有的自我形成、自我尊重感等就是在这种“妈妈在我心中”，即客体存在的前提下产生的。而且这种客体存在的安全感是通过与妈妈之间的幸福经历一点一点累积起来的，像滚雪球一样。

当孩子陷于对客体丧失的恐惧中时，“不听话妈妈就走了”这句话无疑等于是雪上加霜，本来这一时期的孩子就已经够不安的了。

对于管教，我们也需要进行这样的考虑。所以，最终得出的结论是，妈妈在孩子心中的位置稳固之后再对孩子进行管教更为有效。为了不失去爸爸妈妈的爱而努力的时期应该是对孩子进行管教的最佳时期。如果在这之前勉强进行管教的话，孩子通常都会经历超出他们承受范围的焦虑和恐惧。

在教养孩子的过程中管教不可避免。要想让孩子拥有一个优良的品格，管教是必不可少的。但是管教的时机和方式必须经过深思熟虑。我认为，在3岁之前无论如何都不要在这方面对孩子施加太大的压力。孩子被妈妈责备训斥时，产生“妈妈说不定会消失不见”的感觉和“妈妈说不定不再爱我了”的感觉是不一样的。虽然这都会使孩子伤心，但是妈妈在孩子心中的地位稳固之前，对不听话的孩子说“妈妈走了”这种话除了会让他们内心产生焦虑之外起不到任何作用。

妈妈们必须明白的一点是，无论孩子多么能言善辩，在3岁之前他们仍然是绝对离不开妈妈的“小宝宝”。

内心的发展2
肛门期

1. 朝着世界迈出步伐

这一时期被称为“个别化训练阶段”（individuational practicing）。这一时期的孩子已经过了两岁，已学会走路，开始迈步走向外部世界了。直立行走是改变人类历史的一大壮举，对婴儿来说，能够走路意味着拥有“开天辟地”的能力，意味着孩子逐渐具备了独立于妈妈的条件。肛门括约肌的发展让孩子摆脱尿布，这加速了孩子“认识世界游戏”的运作。虽然孩子会不时回头确认妈妈的存在，但他们对新奇世界的好奇无法停止。虽然有时也会产生分离焦虑，但是只要妈妈成为其“中心轴”，孩子的探索游戏就不会因此停下脚步。鲍尔比将之称为“安全基地”。

2. 害怕的时候重新找妈妈

“和解阶段”（Rapprochement Phase）是在前一时期摆脱尿布开始接受新世界的孩子突然又开始倒退的时期。这一时期的孩子会在与妈妈分开时感到极度不安，会退回到大小便不分的状态。眼看着孩子好像能够独立了，却又突然倒退至婴儿时期，这让妈妈感到惊慌不已，措手不及。这是正常现象。虽然孩子的确开始走出去了，但是他们的运动、认知、心理功能等还处于不成熟的状态，所以孩子会同时产生恐惧心理。有学者认为，这与肛门期孩子本能攻击性的发展相关。所以这一时期也被称为“肛门期和解阶段”（anal rapprochement phase）。

无论如何，这一时期的孩子拥有对世界的好奇和恐惧双重感受。想要接近，但所有的事物都显得那么宏大（我们可以回想一下我们小时候觉得父母有多么伟大）。世上唯一值得信任的只有妈妈，所以马勒也曾说道，妈妈应该起到孩子的“辅助自我”的作用。即妈妈应该为孩子抓好中心，帮助孩子培养情感自制的能力。

马勒特别以成长发育较快的孩子在和解阶段体现出的焦虑为例进行了说明。发育早的孩子虽然学步比较早，但是在心理上的不成熟让孩子抵抗分离焦虑的能力相对较弱。身体成长和内心发展之间的不协调可能使孩子变得脆弱不堪。

孩子不听话的时候，妈妈有时会说“妈妈走了”这种话。这一时期孩子对客体丧失的恐惧正盛，所以这种话即使是玩笑也不能轻易说出口。马勒提出，当妈妈没能起到“辅助自我”的作用时，孩子心中存在的焦虑将阻碍其自我的发展。她说，引起孩子的无助感和对客体丧失的担忧，可能会让他们变得十分喜欢黏着妈妈。

3. 管教的最佳时期在“客体恒常性”产生之后

“客体恒常性”（object constancy）有两个解释，认知上的和心理上的，即用眼直接观察到的和用心感觉到的。

第一个是“直观客体恒常性”，由皮亚杰提出。他所说的客体恒常性概念从认知层面出发，即相信物体即使不在视野范围内却仍然存在，并没有消失。简而言之，即使用枕头把娃娃盖住，但还是知道枕头后面有娃娃的认知能力。这通常形成于出生后8至10个月，以视力或认知能力的发展为基础。这也是认生现象产生的原因，因为孩子已经拥有分辨妈妈和他人的能力。

第二个是“用心感受的客体恒常性”，指的是马勒所说的自我发展过程中产生的，孩子心中妈妈的存在稳固下来的状态。即使妈妈出门不在家，孩子也知道妈妈还会回来。产生这种恒常性之前，孩子玩耍时如果妈妈不见了会哭闹，妈妈要出门的时候要誓死跟随。当了解到妈妈永远存在于自己心中的时候，孩子就会相信妈妈出去以后还会再回来。这时才可以说孩子自我的核心已经形成。这一核心将成为孩子形成自我尊重感和自信的基础。

马勒将这种心理“场所”特别称为“力比多客体恒常性”，大概产生于3岁左右。一旦产生了这种客体恒常性，孩子就能顺利地向下一阶段过渡了。这一时期各种认知能力和综合能力都将得到较大发展。脑也获得同步发展，控制判断力、自制力的大脑皮质将得到正式的发展。此外，这一时期还与语言能力快速发展的时期相吻合。所谓“三岁看八十”，孩子的性格和品行也决定于这一时期的自我发展。可以说，这一时期是适合妈妈养第二个小宝宝的最佳时期。所以我认为，这一时期过后我们就能开始对孩子进行管教了。

性器期

——对异性好奇的时期（3~5岁）

这一时期孩子的语言能力和认知能力都将获得飞速发展。同时，大脑皮层的发展也开始活跃起来。孩子开始产生对性别差异的认识，爸爸的作用开始受到重视。这一时期是超自我的发展时期，管教的重要性得以凸显出来。

1. 语言的发展——从行动到思想

对孩子而言，语言能力的发展就像科学史上牛顿发现万有引力定律一样具有划时代性意义。因为语言能力的发展让孩子能够用语言而不是哭声来表达自己的意见。从行为到思想，这一时期孩子的认知能力将获得巨大的飞跃。

在古代历史中，石器时代向青铜器时代过渡的过程中有一个重要的分界点。那就是人们经过熔铸制造出了不会碎且能长久使用的工具。这种工具的开发对当时的人类而言无疑是一场颠覆性革命。

不知道对婴儿来说“语言能力的开发”是否能比喻成这样一场革命。出生2到3年才开始得到开发的语言能力给孩子认知能力的发展带来惊人的变化。因为孩子能够用思想来替代行为，将自己的想法或意志用语言这种更成熟的方式表达出来。3岁左右，孩子会滔滔不绝地说个不停，好像要把这3年的量全都补回来似的。虽然思想的发展还有些幼稚和以自我为中心，但是无论如何，孩子的认知能力和思考能力开始发展起来，一直持续到青少年时期。

2. 我最棒

孩子的自恋心理属于发展过程中的正常现象。但是当父母的自恋投射到孩子身上时就会出问题。

2到4岁孩子的成长过程中必须要翻越的一座大山就是“自恋”，即要翻越相信“世上我最棒”这座高山。并不是说自己比谁优秀，而是无条件相信自己就是最棒的，“不管干什么我都是最棒的”“整个世界必须围着我转，随我所欲”。这是一种幼稚的自恋。这种不像话的优越感极度膨胀的时期被称为“性器期自恋”（phallic narcissism），也包括身体上的自恋。比如男孩儿会很喜欢亮出他们的“小辣椒”，女孩儿则喜欢给自己或娃娃化妆、穿漂亮衣服。

在韩国文化圈中，谦逊被视为一大美德。人们对自以为是的行为十分敏感，所以父母通常会担心孩子的行为会不会让人觉得没礼貌或唐突。要是放任孩子这样下去的话不知道孩子会不会变得目中无人。不知是应该好好管教，还是应该听之任之，父母为此苦恼不已。但非常明确的一点是，对于孩子在正常发展阶段表现出来的特征性现象，我们都应该尽量满足，放任其自由发展。缺失或压迫都将造成孩子自我发展的“营养不良”。

这一时期的自恋属于正常现象，和攻击性一样，都应该得到满足，这样孩子才能顺利、正常地走下去。父母的自恋情结，即相信自己的孩子比谁都更优秀，必须拿第一名的自恋心理才是症结所在。

这一时期孩子的自恋是不涉及比较概念的，没有“比谁”这个修饰语，这种自恋只是单纯地认为“我最棒”，源于一种无所不能的优越感。“我能自己走路”“我能自己做”，孩子为此感到高兴和得意。

孩子希望妈妈能知道自己是这样了不起的一个人，妈妈只需要嘴里应和着说“当然”就行。这只发生在妈妈和孩子之间，孩子希望“我很棒”这件事能像照镜子一样清清楚楚地让妈妈知道。“我是一个了不起的人，而妈妈也认可这一点”——这就是孩子自恋的过程，一种只关系到妈妈和“我”自己二者的自恋。

这种单纯的自恋一旦开始和别人进行比较就变成了父母的自恋。问题出在父母身上，当第三者介入其中，孩子就会感到压力

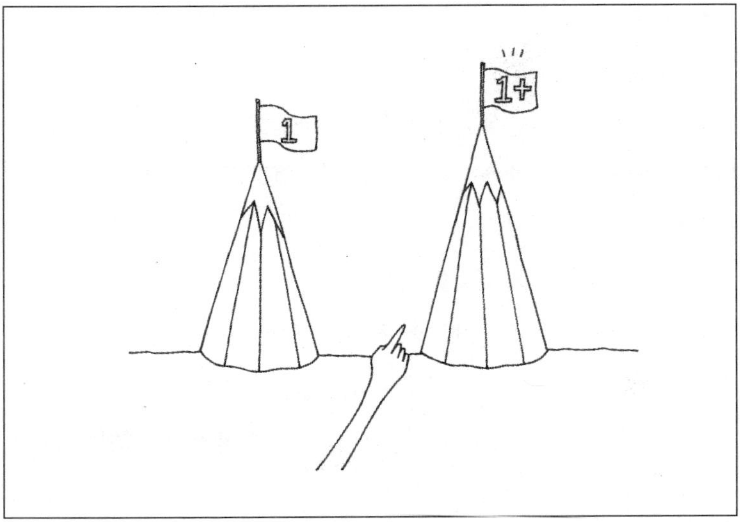

和自卑感，开始丧失自信。这样一来，“单纯”的自恋就会沾染上空虚和虚张声势的灰尘，变成“肮脏”的自恋。

如果把五六岁孩子的发展过程比作一座山的话，山顶就是“性器期自恋”。孩子应该在山顶上尽情呼喊“我最棒”，这样他们才能在下山的困难艰险中坚持下来。这样，今后孩子在面对即将到来的管教和适度挫折，形成“超自我”的艰苦旅程中才能屹立不倒。

3. 嗯？跟我不一样——对性别差异的认识

小女孩“嘘嘘”看了爸爸上厕所之后也非要站着尿尿，明知道这样会弄湿衣服但还是坚持要这么做。有一天，幼儿园里的男孩朋友来家里玩，她看见男孩上厕所的时候站着尿尿，于是跑过去当面盯着看。这件事就发生在一瞬间，妈妈也来不及阻止。看他们又跟没事人似的在一起玩的样子，妈妈也不好再说什么，就让事情这么过去了。

男孩和女孩长得不一样的认识开始于出生后18个月左右，这时基本的性别认同开始发展起来。两三岁的时候，孩子开始对性产生好奇。他们逐渐了解到世上存在着两种不同的性别，认识到自己和爸爸小便的姿势一样或不同。观察性别不同的父母或朋友们之间不同之处的意志十分强烈。

弗洛伊德对出生后3年期间男孩和女孩的性发展进行等同看待，但是现在有很多研究表明，女孩性发展的固有路径从出生时就与男孩不同。作为精神分析家，对发展理论进行大量研究的泰森（Tyson）夫妇指出，女孩发现自己的性器和男孩的性器从解剖学角度来看长得不一样之后的第一反应可能是产生去势感或者渴望拥有阴茎，但是他们还提出相较于此，孩子对母亲女性化本质的态度、孩子与父亲的关系等更为重要。如果妈妈对自己的女性化本质表现出满足和正常的态度，那么虽然孩子可能会对男女解剖学上的差异产生暂时的惊讶或敬畏，但她们很快就会认识到这只不过是单纯的差异，并为自己身为女性而感到自豪。

“小小年纪……”：男孩的性发展

“小小”和妈妈的视线一撞上，他就把伸进胯裆的手悄悄抽了回来，妈妈瞥“小小”一眼说道：“我说过用手摸小辣椒的话就会产生有害的细菌吧？再不听话我就让警察叔叔把你抓走。”这种念头在4岁的“小小”心中一旦产生就难以停止。孩子的习惯为什么就那么难改呢？妈妈唯恐孩子会在别人面前做出这种行为。对其加以指责的时候，孩子闷闷不乐的表情让妈妈感到又可怜又伤心。但是这种坏习惯又不能放任不管，生怕孩子在别人面前也这样做。“小小年纪，怎么总是喜欢摸‘小辣椒’呢？”妈妈为此十分着急。

弗洛伊德很早就对婴幼儿时期性的问题有所提及。他指出，对性的感觉从婴儿初期就开始发展了。这一观点在当时受到较大非议，但这是因为人们从成年人的角度出发对性进行理解而产生的误会。

理解婴幼儿时期孩子关于性的看法和行动十分重要。弗洛伊德参考“汉斯”经典案例帮助5岁的少年克服对马的恐惧，并对这一时期发展过程中孩子可能产生的恐惧进行解释说明。汉斯从3岁前开始就对自己的生殖器产生了极大的兴趣，对周围人的好奇心也越来越大。看到挤奶的乳牛，就会说“‘小辣椒’里有牛奶”；看到消防车喷水，就会说“消防车在尿尿”。对父母生殖器的兴趣就更不用提了，妈妈是不是也有那个，爸爸的那个比我的大还是小，等等。这一时期的孩子就像汉斯一样，把所有事物都分成“有”生殖器的和“没有”生殖器的两类。例如，狗和马有‘小辣椒’，桌子和椅子没有。弗洛伊德认为这是满3岁的男孩形成性别认同的正常发展过程，而且这一时期可能产生的恐惧也属于正常现象。

对自己性器官产生的兴趣让孩子忍不住触摸。有一天，突然在刺激性器官后感到前所未有的快感，随之，孩子就开始热衷于这种自摸行为。孩子的自慰行为只是一种“游戏”，与成年人存在根本区别，孩子的自慰游戏中也存在联想，但是与成年人是不同的。

这一时期孩子的自慰行为是正常发展的表现，是孩子的身体感觉得到正常发展的佐证。这一时期孩子的自慰行为与“吮吸手指头”的行为并无太大差异，都是把自己身体的一部分当成玩具，所以刚开始时孩子并不会感到丢脸或害羞。丢脸、害羞或者焦虑的情感是因父母的反应而产生的，所以父母不能对孩子说把“小辣椒”拔掉或者产生细菌会生病这种话。否则愉快和焦虑会被联系起来，发展成同样的情感电路，最终造成情感的混乱。

如此一来可能发生各种问题。因给自己带来快乐的事情而受到惩罚，这会让孩子躲起来去做这件愉快的事。因为愉快总是伴随着焦虑不安，所以孩子总是得不到满足，最后沉迷其中的可能性特别大。为了消除这种不安而去做这件事，却又在愉快的瞬间再次感到焦虑，最后陷入一种恶性循环。当孩子出现这种行为时，父母最需要做的就是陪孩子玩一个替代性游戏。父母越是不安或敏感，孩子的这种行为就越难改正。有时这种行为会被孩子带到幼儿园和学校去，让父母担心不已。即便如此，父母也应该循循善诱，告诉孩子这个游戏不能在公共场所玩，只能在家里玩儿。

“我要和爸爸结婚”：女孩的性发展

弗洛伊德认为，女孩因为没有男孩的性器官而一生都感到羡慕和自卑。这一观点受到女权主义者的极度反对，后来也在持反对意见的理论家手中得到较大改善。

女孩想要进入俄狄浦斯阶段，就需要抛弃和妈妈之间的依恋关系，将性方面的兴趣和爱情投射到爸爸身上。这必须以和妈妈之间充分的依恋经验为前提。只有这样，孩子才能和妈妈进行正常、健康的分离，并以此为跳板把爱转而投注到爸爸身上。

如果这种依恋经验不够充足，孩子就会停留在对妈妈的依恋状态，或者表现出拒绝体现女性化一面的倾向。例如，变成一个绝对不穿裙子的中性孩子，或者难以与人陷入热恋。在人际交往中觉得和异性在一起更舒服，成为一个“帅气”的女人，反过来她们无法和同性朋友产生亲密的关系。另外，她们也可能长成对男性来说极具魅惑力的性感女性。这些都出于同一原因，那就是在与妈妈之间的依恋经验不足的情况下就不得不面对男性的女孩可能产生的男性观。

女孩的女性化本质、男性观，以及异性关系模式，都源于与妈妈的依恋关系，因此早期与妈妈之间形成充分的依恋关系十分重要。

4. 仁慈的老爷爷和可怕的老虎——超自我的发展

这一时期孩子的超自我还未得到充分发展，所以他们在进行性幻想和攻击性幻想的同时不会感到负罪感。当孩子的这种行为受到他人的限制时，负罪感就开始产生。

孩子逐渐认识到有一些事情自己想做却不能做，超自我就是在这种矛盾中逐渐产生的。虽然这一时期的孩子需要管教，但是问题在于管教的程度。“管教”是温和还是严酷将影响到孩子内心逐渐形成的超自我的形态。孩子心里可能是一个温和的老爷爷，可能是表情凶狠的警察，也可能是让人无比害怕的老虎。

天下没有一个父母不希望自己的孩子长成一个才华横溢、充满创意的人。虽然也有人说创意始于模仿，但是创意的源头绝对在于“变通性”。将自己的想法付诸实践，在实践中经历挫折，在挫折中不断创新，这就是创造的过程。如果心中形成一个过于严格的超自我，就像在背后装了监视摄像头一样，孩子就会过于自制自己的行为。可能这在父母看来是听话乖巧，但事实上他们将难以拥有自由的灵魂。

美国的儿童精神科医生克拉卢索（Calvn.A.Colarusso）将这一时期孩子的恐惧或担忧、噩梦等看成唯一的或者说人生中最后的正常发展过程。随着身体感觉器官的发展，孩子感受到过去不曾有过的感觉，开始从不同于过去的视角去看待父母，开始出现必须抛弃的东西等，这是一个孩子难以承受的混乱时期。所以父母需要对这一时期孩子表现出的恐惧感同身受，并细心地帮助孩子去应对。

如果这种恐惧未得到妥当解决，那么未来可能产生的各种恐惧症就需要求助于相关专家了。所以父母需要对这一时期孩子的恐惧进行包容和妥善应对，使之不转变成其他恐惧症，这一点至关重要。例如，即使白天也不敢一个人待在房间里，或者在上厕所的时候一定要妈妈站在旁边等，这些表现都有可能是这一时期的焦虑所造成的。所以对孩子在这一时期的自慰行为，父母不能靠说些可怕的话或指责孩子来抑制，而是应该陪在孩子身边，或者和孩子一起睡，让孩子相信父母能为自己提供一个舒适、安全的环境。

5. 爸爸的作用

与俄狄浦斯期不同，肛门期阶段爸爸在安抚儿子的阉割恐惧感方面起着重要的作用。泰森认为，爸爸不仅在解决和解阶段矛盾方面，而且在降低男孩的初期去势焦虑，稳定孩子性别认同方面都能够起到帮助作用。爸爸和儿子一样同为男性，爸爸所起的作用十分重要，而且能够帮助孩子拥有稳定的体像。

虽然孩子是喜欢爸爸的，但是在两周岁左右时，从根本上来说孩子心中只存在妈妈和“我”这一二者关系。心理上爸爸开始变得重要起来的时期大概是从3岁左右开始。因为这时，随着孩子逐渐进入俄狄浦斯期，孩子心中关系的模式从二者关系扩展至三者关系了。

如上文所述，这一时期是性发展的时期。孩子对男女间的性别差异开始产生较模糊的理解和认识。随之，孩子将妈妈看成性对象，将妈妈纳入只属于自己的性世界。在孩子领悟到自身的男性本质之后，他们开始懵懂地认识到，爸爸和妈妈之间维持着一种与自己不一样的关系。

从这一点出发我们就不难理解孩子想睡在爸爸妈妈中间的行为了。这可能引起自己都不明所以的微妙的竞争心态和敌对心理。这时，爸爸需要包容孩子体现出来的敌对心理或对妈妈过分的爱。孩子本身正处于一种混乱的状态，如果爸爸还对其进行攻击性的管教，那么将更加难以理解孩子的内心世界。想要攻击爸爸的欲望总是伴随着恐惧心理，担心爸爸的报复。孩子的能力有限，难以明确区分幻想和现实，所以自己的敌对心理和对爸爸的报复产生的恐惧会变得越来越具威胁性。

出于这类原因，不考虑孩子的性别，对于俄狄浦斯期前后孩子对父母产生的竞争心态、故作勇敢的行为等，父母最好采取宽容的态度去对待。虽然看起来可能是对父母表现出的叛逆或敌对行为，但这是这一时期暂时出现的正常现象，父母应该予以理解。如果父母对这种行为的反应过于敏感，并试图对孩子采取强硬的管制，其结果可能使孩子的这种行为不仅得不到解决，反而长久持续下去，最终导致孩子与父母之间矛盾的产生。尤其是当这种问题未得到妥善解决时，大部分孩子可能表现出对弟弟妹妹的攻击性。

美国的精神分析学者埃里克森（Eirk H. Erikson）认为，这一时期是孩子获得自主性的重要时期。这时的自主性将重点放在排斥潜在竞争对手方面，所以这一时期的孩子通常会倾注全力去阻止弟弟妹妹侵犯自己的地位，在这一过程中也可能伴随着、夹杂着嫉妒的愤怒情绪。

不如冰箱的爸爸

爸爸在孩子教育中所起的作用逐渐开始凸显出来，而大部分育儿书籍都只用了简短的篇幅来介绍和说明这一时期爸爸应该做的事。我认为这种做法只会让年轻的爸爸们内心更加沉重，特别是在无法自主决定上下班时间的韩国上班族中更是如此。

孩子不知道爸爸在外面做些什么，自然难以理解爸爸们的劳

一个孩子在电视节目中写的一首诗成为一时的热议话题。

我喜欢看见我就摇尾巴的小狗，
也喜欢装满我想吃的东西的电冰箱，
但是我不知道爸爸是干什么用的。

苦。孩子只能看到在家中的爸爸——到了周末也无法出门陪自己玩的疲劳的爸爸，在难得休息的周末睡懒觉的爸爸，躺在沙发上拿着遥控器来回换台的爸爸——孩子实在难以理解。孩子眼中的爸爸还不如冰箱有用，所以孩子才会写出这样的诗句。

孩子通过妈妈这扇窗而从心理上感知到爸爸的存在。从现实上来看，我们所处的社会更加注定了这一点。所以在家庭中，想要在孩子心中为爸爸找到一个位置，妈妈的作用非常大。妈妈对丈夫的不满越多，就越会说一些负面的话，而孩子就是通过这些话去定位和刻画爸爸的。所以为了家庭不辞辛劳、努力工作的爸爸在孩子的记忆中还不如保存冰激凌的冰箱，是一个没用的人。

为了买一个放满好吃的东西的冰箱，爸爸需要多么辛苦地孤军奋斗。能够让孩子理解这一点的人只有妈妈。看了这个小学生写的诗之后，我们不知道该去怪谁。但是一边吃着用爸爸辛苦挣来的钱买的好吃的，一边却说爸爸坏话，这是一件多么残忍的事情。

美国的爸爸们一定会参加孩子在幼儿园或学校的活动，即使和孩子的妈妈离婚了也一定会参加孩子的重要活动。所以不定时召开的家长座谈会有时甚至会被安排在晚上，这说明爸爸深入参与到孩子的养育过程中这一事实。听说近来韩国也正在制定相关制度，给爸爸们提供产假。但是我很好奇，站在现实的角度来看，能够为了参加孩子的才艺表演会，背着便携式摄像机堂堂正正地放下公司业务的爸爸能有几个。

对成年人或者青少年进行心理治疗后发现，大部分患者都对父亲持着负面的看法。面对这种情况，我所做的就是让他们理解这种负面看法是从谁的角度而言。小时候，孩子们通常只能通过妈妈这扇窗去看爸爸。作为妻子，如果把对丈夫的不满传递给孩子的话，孩子就会成为一个在心理上失去父亲的跛脚人。

孩子是将爸爸看成一个自私的人，还是理解爸爸的劳苦，这在很大程度上取决于妈妈，至少在韩国社会是如此。不管是男孩还是女孩，爸爸在孩子心中拥有一个良好形象这一点十分重要。且不论其他，世界人口的一半都是男人，父亲是男孩的模范和榜样，能够帮助孩子长成一个成熟稳重的男人；而对女孩来说，父亲是恋爱的对象，是职场中上司形象的代表。

潜伏期

——重视朋友的时期（6~11岁）

潜伏期指的是5岁到青春期之前，大概11岁左右之间的一段时期。弗洛伊德之所以将这一时期称为潜伏期，是因为经过生物学上发展旺盛的俄狄浦斯期后，在出现第二性征的起伏不定的青少年时期到来之前，孩子的成长相对比较稳定温和。但是现今的发展理论家们认为，这一时期是自我和自我尊重感发展的重要奠基时期。从内心方面来看，这一时期是3岁左右前形成的自我或超自我的巩固时期。

正式的管教最好从这一时期开始，这一时期自我的核心在一定程度上已经产生，围绕自我的超自我也不断形成。所以通过管教能够教会孩子什么能做，什么必须做，什么是不能做的。对此，科胡特早就引用弗洛伊德的话，认为有必要让孩子经历“适度的挫折”（optimal frustration）。所谓适度的挫折就是在孩子承受范围内的挫折，这个“度”的标准各不相同。

1. 我想玩

这一时期最重要的特征之一就是“游戏”，因为游戏在让孩子熟悉发展课题方面起着重要的作用。

换一种说法，这一时期的孩子得“会”玩儿。其原因在于，这一时期是孩子在接触世界的同时进行反复试验等必要练习的过程。这一时期的孩子还不够成熟，所以无法熟练地将各种新的经历、体验综合起来。孩子们需要一个练习接受规则或现实的过程，那就是“游戏”。所以孩子的游戏中承载着只属于他们自己的情感、愿望、想法和压力等，他们通过游戏进行自由的表达。

像这样，孩子的游戏就是一个旨在让孩子的内心接受外部现实的过程。这跟大人们选择“聊天”来缓解压力的行为相似。“聊天”的行为不能说是一种解决办法，它的目的在于发泄情感。在背后说丈夫坏话并不能改变什么，但是聊聊天总能让妻子们倾吐内心，一扫郁闷。此处我们所讲的孩子的游戏同样也包含着更深刻的含义。

秀敏最近突然喜欢上了玩娃娃。自从有了弟弟以后，秀敏就一直不太高兴。但是，最近她开始自己一个人和娃娃玩儿，给娃娃喂牛奶、换尿布，拍着娃娃哄它睡觉，那模样无比真挚。大人们都夸秀敏聪明，知道跟妈妈学习。

不错，秀敏的确是在学妈妈，但是这却不是一件值得夸奖的事情。秀敏为弟弟出生之前从妈妈那里获得的爱的丧失而伤心，她所玩的娃娃游戏就是一个接受这种悲伤的过程。游戏是她为接受现实而举行的哀悼仪式，同时也表现出她仍然渴望像娃娃一样得到妈妈的照顾和爱。

就像这样，孩子的游戏既是一种发泄方式，也是一种渴望的体现。通过学习妈妈的行为来安慰自己的失落和悲伤，同时又表达了想像娃娃一样继续获得母爱的愿望。一边努力去适应这种让人无法接受的现实，一边在游戏中倾诉自己的渴望。所以儿童精神分析家克拉卢索将孩子不断重复同一种游戏的行为看成是一种“反复强迫症”。

发展理论家皮勒（Peller）从发展的角度切入，对不同发展阶段中游戏的主题、焦虑、补偿式幻想进行了说明。他说，出生后的头两年期间，孩子的游戏主要与身体功能相关，孩子们在游戏中将身体的各种功能转换成另一种说法进行表达或夸大。马勒将这一过程叫做“练习”。这一时期孩子与养育者形成一起玩游戏的二者关系。所以在这一时期，即使妈妈为了让孩子玩得高兴而让孩子和同龄孩子一起玩，孩子还是会找妈妈，或者和玩伴各玩各的，形成一种“平行游戏”的现象。

到了3岁左右，孩子才能够和朋友一起玩游戏。这时游戏的主题主要源于儿童的想象，这也是发展过程中必不可少的驱动力。小孩子通过玩“过家家”来进行扮演游戏，他们开始学会分角色扮演爸爸和孩子。这一时期的儿童面对的是本质上具有的俄狄浦斯情结和焦虑。

进入潜伏期之后，孩子的游戏开始正式化起来。因为身体已经获得一定程度上的发展，孩子开始具备融入同龄集体的社会性。随着身体的成长，协调能力和读算能力的发展，孩子的游戏比过去更加精致巧妙，孩子的智力和社会性通过这种游戏得到发展。所以，这一时期，孩子开始学会在游戏中注重规则和合作。

另一个重要的问题在于，随着超自我在内心的形成，孩子开始想要了解并学会规则和惩罚。通过游戏来克服自己经历的心理挫折。如果说俄狄浦斯期的游戏聚焦于未来和长大的欲望，那么潜伏期孩子们的游戏就等于是让时间倒流，回到原地后重新开始游戏，并且让孩子做得更好。换言之，潜伏期的游戏通过这种方式不断为孩子创造机会去满足超自我。

2. 我的朋友

潜伏期出现的重要发展现象之一，就是孩子开始产生组成同龄集体和建立友情的能力。弗洛伊德认为，友情和爱情本同源；朗格尔认为，妈妈和孩子之间令人满足的关系是形成友情的基础，可见童年的经历是多么重要的变数。

这一时期，朋友关系能否很好地建立起来是判断孩子是否得到正常发展的一项重要指标。在家庭内部，这也是证明孩子是否通过与父母的关系得到较好发展的指标。因为这一时期的孩子总是过分的天真率直，不成熟或没有做好准备进行社会生活的孩子是会被排斥在同龄集体之外的。也就是说，是否被同龄集体所接受就是测定孩子潜伏期心理健康的最好指标。

这一时期孩子必须在名为幼儿园或学校的小社会中生活，离开家以后孩子能否在社会中顺利生存下来，这一点可以在这一时期得到评定。如果孩子能够很好地适应幼儿园或学校的生活，那么父母就可以暂时放心了，因为这说明孩子的身体和认知能力都得到了正常发展。皮亚杰的发展理论中所说的潜伏期相当于具体运思期。这一时期孩子开始产生先思考后行动的能力，他们开始懂得时间的概念，虽然还不够成熟，但是他们已经开始学会利用自己所知道的信息或亲身经验去解决现实问题。

在韩国，维持朋友关系的场所除了幼儿园或学校，还有一个叫做“补习班”的地方。虽然关于是否应该在正规教育之外进行补习教育这一问题众说纷纭，但是既然游乐场已经失去了朋友见面的地方这一意义，那么我们也不能只一味顺从家长的执着。所以，除了关心孩子在补习班里学到了什么，我们还需要认识到关注孩子在补习班和谁关系好这一点的重要性。我在美国学习的时候发现，美国的父母总是带着孩子去参加各种运动项目。在美国，运动对孩子来说是一门必修课。这一时期，父母会在种类繁多的运动项目中找到最适合孩子的。真让人羡慕啊！

3. 讨厌桌子上面，喜欢桌子底下

“把桌子撤了吧，孩子只会在玩游戏的时候需要桌子。”

这是我的一个朋友说的话。她的两个儿子中一个上了名牌大学，一个考进了科技高中。她作为一个妈妈却每天忙于运动，两个儿子学习优异，在各种比赛中获奖。大儿子同时考上好几所大学，以至于让妈妈为上哪一个而苦恼——真是一个让人羡慕嫉妒恨的妈妈。孩子看书的时候要不就是在床上一边打滚一边看，要不就是躺在沙发上一边看书一边看电视。我很好奇到底有多少孩子是安安静静地坐在书桌旁学习看书的。

现在的孩子从两三岁就开始接触学习了，等到上了幼儿园以后，妈妈又开始让孩子学习小学的内容。所以关于孩子的学习和集中力的担忧就开始于这一时期。这一时期的孩子还不具备足够的集中力去完成妈妈们所期望的学习任务。

“孩子喜欢桌子底下但是却讨厌坐在书桌旁。”

正如此言，孩子对桌子下面和桌子上面带着截然不同的两种情感。孩子喜欢安静神秘的地方，在像妈妈的子宫那样的地方能够感受到平和，所以他们把桌子底下定为自己的秘密基地，在那里和自己喜欢的娃娃或玩具玩耍。而桌子上面却不同，那里是学习和做家庭作业的地方，在那里孩子必须进行某种积极的思考活动。所以对那些集中力较弱或者讨厌做作业的孩子来说靠近桌子是一件令人讨厌的事。孩子注意力集中的时间比较短暂，难以长时间维持坐着的状态。即使把孩子赶到房间去学习，他们的触角还是会伸向客厅，对客厅里发出的声音更感兴趣。电话响了或门铃响了，孩子总是第一个跑过去，平时不喜欢做的跑腿活儿也抢着干。

大部分妈妈都对孩子注意力散漫的现象表示担忧。我认为这种担忧大部分都与韩国的早期勤学教育环境相关，这种教育氛围对孩子集中力的要求超过了孩子本身的能力。我并不是在反对早期教育，“胎教”也是教育，从传统意义上来讲，我们从孩子还在肚子里的时候就开始对孩子进行教育了。

但是，适于学前儿童的教育最好以游戏为主。

在这里我想给担心孩子注意力散漫的妈妈们提几点建议。

第一，大部分的孩子都注意力散漫。孩子注意力集中的时间比较短暂，理解孩子的这一特征十分重要。在和父母的面谈中我发现他们特别喜欢使用“孩子很散漫”这种表达，但其实这大多是以父母自己的标准进行衡量的结果。未能达到父母的期待，和父母讨价还价未果之后选择逃跑的孩子也被认为是散漫的。一直到小学低年级，孩子可维持集中力的时间不超过20分钟，更别说五六岁的孩子了。据研究，男孩集中力的发展比女孩更迟缓。事先了解这些客观事实对妈妈来说十分重要。

第二，这一时期的学习应该是“游戏”。孩子讨厌练习册、讨厌上补习班再正常不过了。利用书本或者字母去理解某种事物对这一时期的孩子而言是一种折磨，无论是从认知角度来看还是从身体上来看都是一件难事。而通过游戏来学习是最有效的方法。有两个孩子从小就跟着爷爷一边玩一边学习数学。爷爷在数饼干的游戏中通过“爷爷吃了几个，孩子吃了几个，还剩几个”这种问题教会孩子数数。我的孩子在玩词语接龙游戏的时候，别家的孩子在玩开方游戏。我们也可以去买一些市面上卖的教材，但是怎么将教材上的内容和游戏联系起来就需要发挥妈妈的智慧了。

第三，为孩子创造合适的环境。孩子和大人不一样，不喜欢在安静的房间里面壁坐在书桌旁看书学习，特别是好动或散漫的孩子如果处在安静的环境中反而会感到不安。视野开阔的开放空间对孩子更为有利，孩子在学习中途能够看着窗外休息，这样他们才能长久地坐在桌旁。对因为孩子注意力散漫、厌学情节严重而找我进行咨询的父母，我通常会问他们桌子的位置。如果桌子靠墙而放的话，我就一定会建议他们为孩子再置办一张开放式书桌。

我没有幽闭空间恐惧症，但如果让我面墙而坐的话，我也会觉得闷。我不是一个散漫的人，但我也总是看书看到一半就会忍不住在客厅里来回走动走动，因为我们都需要这样一个开放的空间。说到“努力学习”，我们就能够联想到头上绑着白布条，坐在前面有挡板的书桌旁，甚至用笔记本充当隔板阻断两边空间之后，埋头苦学的形象。如果从韩国的教育现实出发，学生在学校不得不这样学习的话，那么我想这种方式至少得过了初中才可行。

我认为，对于那些容易受周围环境的影响，独自一人时会感到不安以至于不愿意自己一个人坐在桌旁的孩子来说，换一个更为自由开放一些的书桌或学习环境应该能有所帮助。

比起闷死人的房间，在客厅或坐在饭桌旁一边和妈妈对话一边做家庭作业的方式会让孩子感到更舒服。特别是对讨厌写作业的孩子（没有孩子会喜欢写作业的吧）来说，父母最好和孩子一起坐下来，帮助孩子尽可能快地完成作业。比起单枪匹马，旁边有他人的陪伴更能让孩子感到安心。妈妈与其一边做别的事情一边催孩子写作业，不如坐下来和孩子一起集中精力把作业写完。开始有时比过程更让孩子感到困难。这时，父母最好能够帮孩子把练习册和书拿出来，帮孩子做好写作业的准备工作。

我们最好不要对还未满10岁的孩子说“你怎么注意力这么散漫呢”“你怎么就是坐不住呢”“注意力这么差以后能干什么”等这种话。我们尤其需要明白男孩的发育和发展比女孩迟缓这一客观事实。如果因为这种问题而无法忍受，或者客观地认为自己的孩子比不上其他同龄孩子的话，我建议父母最好向一些相关专家寻求帮助。

运动功能

我个人对韩国公寓建筑的结构心存一点儿不满，那就是无论房子的面积如何增加，孩子的房间都不会轻易变大。另外，为了防止噪声影响上下层的住户，一到晚上父母们就忙于管制孩子的行为。这一点我也不例外。还记得曾经因为孩子总是跑来跑去的问题和楼下的住户发生冲突，但是不管怎么小心，楼下还是总找上门来，实在受不了的丈夫甚至做贼的喊抓贼，反过来冲邻居发了一顿脾气。之后搬家的时候我们就特意找了一楼的房子，还把卧房和孩子的房间对调了，把家里最大的两个房间和附带的洗手间都用作孩子的房间，一间当卧房，一间当游戏房。另外，我还在阳台上铺上地板，阳光明媚的时候让孩子们在能够看到花园的阳台上玩耍。在新沙洞某条小巷子里有很多卖幼儿园玩具器材的商店，不知道现在还有没有了。我在那里买了一套浅绿色的圆桌和可爱的小椅子放在房间的正中间，名曰“游戏自由区域”。孩子在房间里玩什么游戏我都不干预，但是我要求孩子一定不可以把玩具带到客厅里玩。

我的孩子们现在还在说那时候真是玩得无比尽兴，没留下一丝遗憾。3 个孩子玩作一团，那场面不是一个乱字能尽述的。玩具、娃娃就不用多说，毛巾、薄被也不能幸免。幸好住在一楼，否则像“从钢琴上跳下来”这种行为是绝无可能的。我总是放任孩子们随心所欲地玩耍，一天整理一两次。在所有东西中，孩子们最善用的就是那张圆桌。事实上家里几乎所有的椅子孩子坐起来都不太合适，饭桌也好，客厅的桌子也好，对孩子来说都太高。木制的幼儿园小桌椅就像是为孩子量身定制的一样，再合适不过了，而且价格还便宜。那套桌椅孩子们用了很长时间，孩子们长大不再需要之后我也舍不得扔掉。

就这样过了 3 年之后，在大女儿大概上小学三年级的时候，我给孩子们各自分了房间。有一个后辈看了我家的房间结构之后频频称奇，也有一个前辈看了之后说这太不像话。但是我却觉得大人们占据公寓里采光最好、最宽敞的房间的做法更不合理，一天在家里待着的时间最长的人才应该用最宽敞的房间。对我们来说前后不过 3 年时间，而这段时间孩子却能够在“没有唠叨”的安全的空间里尽情玩乐，这不就行了吗？

4. 说谎的孩子

谎言，站在他人的角度来看是可以被理解的，至少在说谎者的眼中谎言也有正确的可能。

“马上”总是说一些马上就会被拆穿的谎话。问他作业写完了没有，“马上”回答写完了。练习册写完没有，“马上”回答就快写完了，但是过去一看，发现还没开始。问他有没有按照课程表把明天上课要用的东西都准备好，他说马上就去，但是第二天早上临要上学的时候又开始在房里收拾书包半天也不出来。告诉妈妈下午去朋友家玩一会儿，然后直接去补习班，但是补习班老师发短信过来说孩子没有去，给他打电话又关机。有的时候，他的行为甚至让妈妈觉得孩子是不是在故意气自己。妈妈有时会产生回到上学的时候在铁网里玩棒球时的感觉，不知道球会从哪个方向飞过来，以至于不得不把全部心思都放在球的身上，但是却一次全垒打都没有。

对说谎行为进行研究的维多利亚·塔尔瓦（Victoria Talwar）博士称，孩子们总是在不停地说谎，而父母能够看穿孩子谎言的概率还不到50%。从父母的立场上来看，知道孩子说谎这一事实比被蒙在鼓里要万幸得多，因为明显的谎话可能是谎话中最容易应对的。

谎话是发展的一大里程碑

根据皮亚杰的认知发展理论，至少要等到3岁以后，孩子才能学会客观地看待事物。孩子认识到“说谎是不对的”这一点与道德性的发展相关联，而道德性的培养最早也要等到5岁以后。更勿论孩子从认知方面进行感知和将这种认知反映到行为上这一过程需要经过很长一段时间的教育。

有一句话叫做“法律远在天边，拳头近在眼前”。这个道理对孩子来说就变成了“道德远在天边，惩罚近在眼前”。对孩子们来说，道德不仅过于抽象，而且通常首先考虑的是他人或者集体的利益，这容易让孩子感到委屈。所以要想产生道德性并将其付诸实践，孩子就必须摆脱以自我为中心的思想。根据皮亚杰的理论，这至少要等到7岁以后才有可能实现。而想要孩子能够进行抽象的思考，并学会用心体会，至少也要等到12岁。即进入青春期之后孩子才能够学会分辨是非，说些有技术含量的谎话。

研究谎话的学者们主张，孩子们在比我们想象中更早的时期就开始说谎了。塔尔瓦博士认为，孩子3周岁时就会说谎，而等到4周岁时几乎所有的孩子都开始说谎了。有比自己大的兄弟姐妹的情况下，孩子体现出更早学会说谎的倾向。纠正孩子说谎的行为当然是有必要的。但很明显的是，在不会对他人造成伤害的前提下，谎话也是社会生存技术的一部分。我认识的一个三十七八岁的教授向我埋怨说，自己总是因为不会说谎而受到损失，一想到自己说的是谎话就会马上表现在脸上，所以很难骗到别人。他说自己成长过程中几乎就没有说过谎话，如果在企业里工作的话是很难生存下去的。

谎话也分很多种，首先谎话的色彩就多种多样，有白色谎言，也有红色谎言（白色谎言指的是善意的谎言，红色谎言指的是明目张胆的、赤裸裸的谎言）。从心理学角度来看，在子女教育问题上，能够被理解和被原谅的谎言有两种，即下意识的谎言和故意的谎言。上面的案例中，“马上”说的主要是第一种，即下意识的谎言。不管怎样，就算说谎也要先逃避处罚。这并不是故意为了气爸爸妈妈而说的谎话。孩子说谎的首要原因就是为了避免挨骂受罚，第二个原因就是为了不让父母失望，为了维持父母对自己的爱。如此看来，虽然没有比谎话更让爸爸妈妈生气的，但是同样也没有比谎话更让人觉得心疼的。因为这有可能是孩子想要做某事的“欲望”，想要拥有某种东西的“幻想”，或假装自己得到了未曾得到的某种东西的悲伤等的体现。

父母和孩子之间就说谎的问题而爆发的拉锯战与管教相关。父母认为孩子不能说谎，这一点一定需要对孩子进行管教。做完作业才能玩，限制玩电脑的时间，禁止打弟弟等大概是每个家庭中孩子都必须遵守的规则。而孩子却总是违反规定，说谎，让爸爸妈妈生气。

为了改正孩子说谎的坏毛病，我们首先要了解孩子说谎的理由，然后最好是在孩子感到压力大的时候稍微放慢节奏。同样地，对于孩子不擅长的领域，父母要在孩子身边陪着他们或者帮助他们一起解决。例如，如果孩子觉得作业难的话，妈妈就可以在准备晚饭之前先帮助孩子完成作业；关掉电视，在客厅里为孩子创造一个适合写作业的环境；让孩子坐在饭桌旁，这样妈妈就可以一边在厨房干活一边帮助孩子学习。对那些玩电脑时间太长的孩子，妈妈可以规定玩电脑的时间，孩子进屋继续玩电脑之前问问他剩余时间的多少。此外，妈妈坐在旁边陪孩子也是一种方法。

精神分析家的理论和人生4

育儿发展理论的创始者

西格蒙德·弗洛伊德

Sigmund Freud（1856—1939年）

1856年，弗洛伊德出生于捷克弗莱贝格（Freiberg）。弗洛伊德出生之时，和妈妈一样大的同父异母哥哥的孩子也出生了，所以弗洛伊德是跟同龄的侄子一起长大的。虽然后来有学者主张，这种复杂的家庭环境使弗洛伊德能够创造出强调俄狄浦斯情结的理论，但是弗洛伊德在自传中明确表示自己俄狄浦斯情结的对象是自己的父亲。

费洛伊德的父母是犹太人，过去的家庭孩子比较多，弗洛伊德身为六兄妹中的老大，身上担负着父母的期待和关注。弗洛伊德从未辜负他们的期待，以第一名的优异成绩完成高中学业，考上医科大学。他怀抱着成为一名教授的梦想，长期在生理实验室进行研究活动，这些经历为日后他创立精神分析理论起到了重要的奠基作用。他最害怕听到没有科学依据这种话，所以他的理论都是以客观的科学研究为依据的。犹太人难以成为教授的现实和养家的现实责任让他成为一名执业医师，在接触当时流行的癔症患者过程中他领悟到几点重要的事实。在维也纳时期，即女性能够享受的自由在社会文化上受到压迫的时期，将自己受到抑制的情感通过身体表现出来的癔症症状比较频繁。催眠状态下表现出与平时截然不同的反应，从催眠中醒过来之后就全然不记得了。这种现象让弗洛伊德悟出一个真理，那就是人类的内心被分为多个不同的房间且相互之间完全分离，互不了解。这成为日后意识和无意识概念的基础。

40岁那年，父亲去世，弗洛伊德饱受精神衰弱的折磨，开始做一系列的梦。以这些梦为基础，弗洛伊德创造了俄狄浦斯情结相关理论。人类心中最深处的一个房间，即无意识的内容都将装在我们的梦里，领悟到这一点的弗洛伊德在1899年写了《梦的解析》一书。精神分析自此诞生。1905年，弗洛伊德在《性学三论》中发表了著名的性心理发展理论，主张伴随着身体感觉的心理发展按照口腔期、肛门期、性器期、潜伏期、青少年期的顺序而进行。

内心的发展3

综合

被分为口腔期、肛门期、性器期的婴幼儿发展过程源于弗洛伊德早期的理论。这些身体部位是婴儿身体的内部和外部环境进行交流的黏膜部位，是“力比多（性能量）进行交流的场所”，或者理解成“能量的窗口”也可。口腔、肛门、性器是按照怎样一种顺序排列的呢？从生理学角度来看，这是婴儿感觉器官得到发展的先后顺序。前面曾简单提到，弗洛伊德是一个科学家，长期在生理实验室进行研究活动，对人体生理学十分精通。

在人类出生时，来自嘴巴和嘴唇的感觉便与生俱来。这可能是出于动物靠吃食物才能存活的生存本能，但其中也包含了吮吸和吞咽嘴里东西的运动功能。1岁6个月左右，孩子的肛门括约肌开始发展起来，随之，婴儿开始具备收缩肛门的功能。从这时候开始，孩子逐渐产生能够把大便存到一定程度然后一次性排出体外的能力，这一时期就能够开始进行排便训练了。3岁左右，孩子的性器开始有感觉。穿衣服的时候偶然感受到前所未有的感觉，所以会忍不住想触摸，对别人的性器是什么样的充满好奇。这 3 个时期的发展都是以孩子的生理现象为中心。其排列顺序只是孩子 3 个身体部位的感觉得到发展的顺序。

那么为什么发展理论家们如此重视最初 3 年的时间，强调这 3 年的发展将影响孩子的一生呢？这是因为这 3 年间孩子日常生活中的经历都将附加在生理现象上，过程中产生的各种情感都将印染于孩子的内心。

1. 口腔期（0～1岁）

孩子出生之后，能不能吃东西决定孩子能否生存。肚子饿的时候吃了东西心情就会变好，否则就好像马上要死了一样。孩子自己没有能力解决肚子饿的问题，肚子饿会打破他们的身体平衡，导致孩子心跳加快或者感到不适。这时孩子会表现出各种不同的行为模式。拼命地哭个不停直到奶瓶被送到嘴边，或生气地把奶瓶踢开。又或者一开始因为肚子饿而嘤嘤哭泣，偶然把手指放进嘴里之后，就退而求其次，开始安静地吮吸自己的手指头。也可能每次肚子饿的时候就一个人吮吸着手指进入梦乡。

虽然有可能出现各种不同的情况，但是如果妈妈的行为能够大体保持一贯性的话，婴儿的行为模式也能够稳定下来，最终逐渐形成孩子的习惯或性格。不过孩子体现出的行为模式好像在一定程度上也跟天生的性格有关。天生性急的孩子可能会一直不停地哭，天生温顺的孩子就可能会吮吸手指。重要的是，在做出这种行为之前，孩子经历了肚子饿这一身体平衡被打破的状态，即心跳加速或感到焦虑不安。所以这时喝奶（口腔）的经历会变成不安反映在孩子内心，以致孩子每当感到不安的时候就会大哭或者吮吸手指。这就是弗洛伊德所说的“性心理”（psychosexual）发展理论。“心理”（psycho）意指内心，“性”

（sexual）指的是口腔、肛门、性器等身体部位，即孩子的内心以身体感觉的发展与外部环境之间的经验为基础逐渐形成。

这里有一个不容忽视的重要事实，是关于婴儿肚子饿的时候做出的两种相反的反应。哭个不停的孩子和吮吸手指的孩子，这二者之间有什么区别呢？没有区别。这个事实从心理上来看非常重要。从父母的立场上来看，无论事情如何发展，温顺地吮吸手指的孩子带起来更容易。但重要的是，这两种孩子拥有一个共同点，那就是“缺失”。换言之，他们的“心理成熟度处于同一水平”。父母可能会因此把孩子分为“乖孩子”和“坏孩子”，但其实他们的精神成熟度是一样的。看起来截然不同的两种孩子未来可能成为相互理解的好朋友，也可能成为恋人，结为夫妻。因为他们拥有一个共同点（可以说育儿专家们警惕“乖孩子”的原因也在于此）。

2. 肛门期（1~3岁）

刚出生的孩子虽然有肛门但是括约肌并不发达，这就是婴儿需要使用尿布的原因，婴儿没有蓄便之后再一次性排泄的能力。括约肌得到发展之前，婴儿只能感觉到尿布湿了并为此心情不悦，变干净舒服之后心情变好。大概在1岁6个月左右，孩子的括约肌发达起来，到那时孩子就开始能够收缩肛门控制排便了。父母可以开始对孩子进行生理上的排便训练。

在某案例中，妈妈每件事都喜欢做得干净利索，计划在孩子1周岁的时候就开始对其进行排便训练。正好孩子周岁的时候收到一个婴儿用便器礼物，于是妈妈让孩子坐在便器上对孩子说：“来，用力，嗯嗯。”但是孩子根本听不懂妈妈在说什么，这反而会让孩子感到焦虑不安。“隔壁家小孩已经会拉了，你怎么就不会呢？”孩子会感到莫名其妙，并因此产生无助感。孩子不知道再等6个月自己就能做到这一点，而只是在面对新情况的时候心生恐惧。生理上的不发达造成了心理上的无助和不安。如果孩子小时候被要求做一些身体上力所不能及的事情，那么他们长大后可能会时常焦虑不安，缺乏自信，对新情况感到恐惧不已。

生理状态和外部环境相互联系，形成“情感的电路”。

括约肌的发达让孩子产生巨大的自信。能够调节和控制自己身体里的东西（孩子们有将大便看成自己的“东西”或自己身体内的客体的倾向）让孩子感到巨大的力量。事实的确如此，在此之前，孩子只能依附于妈妈，而括约肌可能成为孩子控制妈妈的一种手段。

某一天，弟弟出生了。关注我的所有视线一夜之间全都转向弟弟了。特别是妈妈再也不跟我玩，只顾着照顾刚出生的弟弟。孩子生气了。当他看到妈妈给弟弟换尿布时，心想“没错，就是那个”。于是这期间乖乖上厕所的孩子突然又把屎尿拉在身上弄脏衣服。妈妈吓得赶紧跑过来，把刚换的衣服换下来洗干净。成功了，投向弟弟的视线又回到我身上了。虽然可能被打两下屁股，但是那又怎么比得上抢回妈妈的高兴呢？孩子拥有了能够控制妈妈的手段，能够表现自己怒气的手段，这让孩子感受到无限的力量。这种控制的力量也将影响到孩子性格的形成，在未来是发展成自信心还是控制、利用他人的手段，受孩子在关系中感受到的经验和情感所影响。

3. 性器期（3~5岁）

弗洛伊德最重视的，也是受到大多数精神分析家一致认可的性器期是孩子开始理解“性”的时期。“妈妈和我的二者关系”扩大到“爸爸、妈妈和我的三者关系”。随之，更为微妙和复杂的情感开始萌芽。

从这几点来看，这一时期至关重要。

孩子出生之时就带有性器，但是直到36个月大的时候，这一部分才会开始有感觉。妈妈给孩子换衣服的时候偶然擦过这一部分的时候，孩子会感到前所未有的感觉。虽然不知道是什么，但是孩子产生了与平时不一样的感觉，自然会对此心生好奇。于是，孩子会禁不住触摸自己，发现有的人跟自己不一样，甚至在朋友上厕所的时候赶忙跟过去盯着看。孩子只是因为有感觉所以触摸，因为好奇所以盯着看，这都是对生理现象的反应。问题是当大人们看到孩子的这种行为时应该如何明智地应对。我们需要告诉孩子那里不可以露出来，但是像过去那样，吓唬孩子说“会有老虎把你抓走”这样的话就显得有些无知了。

怎么做都行，但重要的是不能让孩子将即使被称为快感也无妨的这种情感和恐惧或羞耻心联系起来。孩子不知道那是什么，只是感觉不错。但如果告诉孩子“摸那个会感染细菌”“晚上会有鬼来抓你”“被别人看到的话多丢人啊”等这种毫无根据的话，孩子可能因此产生“禁忌”或“执着”心理。禁忌会引起心中的不安，执着会让孩子沉迷于此。特别是在没有人陪自己玩的时候，没有比自己的性器更好玩的玩具了。所以这时的孩子最需要的是有人陪自己玩。指责只会让孩子躲进角落，而禁止会让孩子去寻找别的替代之物，例如，电脑、游戏、烟酒等长大之后也能独自一人玩的东西。

将好的情感和焦虑、羞耻心连接在一起的情感线路因此形成。因为某事而形成的情感并不会只局限于这一件事，而是会反映在所有的行为当中。当将好的情感和焦虑、羞耻心连接在一起的情感线路形成之后，孩子将难以找到追求幸福的道路。自认为好的情感却总是因周围人的态度而变成焦虑或羞耻，那么孩子将难以感受到纯粹的快乐，难以获得幸福。做有趣的事情时会莫名感到不安和空虚；吃了好吃的东西之后，心里想的是“我吃这个没问题吧”，而不是“啊，真好吃，好幸福啊”，这是何等的不幸啊！

教会孩子世上的险恶很重要，但是我们是不是也没有必要庸人自扰、杞人忧天呢？

Part 3
每一个孩子都与众不同

我们与生俱来的东西比想象中要多。体质、智能、性格自不必多说，各种大大小小的性情喜好也是天生的。有的孩子性格外向，有的孩子性格内向；有的孩子喜欢与人交往，有的孩子喜欢一个人安静地看书；有的孩子能够快速掌握周围的人和事，有的孩子却一点儿眼力见都没有。不仅如此，擅长整理的能力也是天生的，有的孩子能将自己的日常生活整理得井然有序，有的孩子却能把桌子弄得乱七八糟，想收拾也无从下手。

了解孩子天生的性情喜好在很多方面都能起到帮助作用。首先，能够减少父母与子女之间不必要的矛盾。如果知道孩子天生如此的话，父母接受孩子看起来像问题行为的举动就容易多了。因为这至少为父母留下了放弃挣扎的余地，能够减少父母生气的次数，缓解父母内心的不安。

此外，了解孩子天生的性情之所以重要的另一个原因在于，这能够帮助父母找出孩子真正的兴趣。“性情”和“兴趣”或“才能”起源于同一支流。如果对孩子喜欢做的事情加以培养，那么这通常会发展成孩子的兴趣或才能。鼓励孩子做自己喜欢做的事情就像顺水推舟，事半功倍。当孩子做自己喜欢做的事情时，他们不会感到无聊，也不会轻言放弃，不会轻易被失败击倒，通过反复试验的方法去克服困难的意志也比较强。

我认为这就是创造力的开始。

本章将对子女天生的性情是什么，我们应该如何对其进行理解等问题进行探讨。性情具有两面性，包括好的方面和坏的方面。理解孩子的性情，第一步，也是最重要的一步就是关注孩子的优点，然后寻找完善孩子缺点的方法，这是父母应尽的责任。

性情，跟体质一样与生俱来

我们在养育孩子的过程中有时会不禁叹息，“同一个妈妈生的怎么差异那么大”。有的孩子即使妈妈不时刻费心，他们也会自己照顾自己，有的孩子则总是拖拖拉拉让妈妈一刻都不能放心；有的孩子智商不高但是学习态度端正，有的孩子拥有让爸爸妈妈吃惊的某种才能却对学校的学习毫无兴趣；有的孩子在挨骂的时候一句话都不输地跟爸妈顶嘴，有的孩子却因爸妈的一个表情就畏畏缩缩哭哭啼啼；有的孩子喜欢和朋友在一起，一点儿都不着家，有的孩子则喜欢宅在家里，极少和朋友来往。

孩子的性格实在是千差万别，无法随心而定，让人不禁想要是能定制生产该有多好！孩子要是能一半像爸爸一半像妈妈就好了，不知是造物主的调和还是失误，孩子总是无法尽如人意。

有的孩子尽长个儿，有的孩子却横着长，喝水都会胖，其中有一些是天生的。体质和性格一样都是天生的。婴儿与生俱来的东西超乎想象的多——五音不全和毫无节奏感的音痴是天生的，从前门进从后门出去后就不知身在何处的路痴也是天生的，还有比这更为细微的方面，比如读懂人心、整理东西、学习规律等能力多少也都是天生的。

有的人做任何事情都会先制订好计划，然后再按部就班地在期限内搞定所有事情才舒坦；而有的人则选择先在脑子里进行反复透彻的思考，到最后关头熬几个晚上，而后爆发于瞬间。这看起来好像是个人的习惯，但从某种程度上来说是一种天生的做事模式。前者偏向于提前结束工作，无法忍受拖拉；后者则更偏向于把事情放在一边，经过深思熟虑之后再着手，在最后关头爆发出惊人的力量。这种习性或习惯不像长相和体质那样明显，让人一眼就能看出来，有时可能因为成长过程中所受的影响而难以改掉或去除。

父母教育的首要步骤就是理解孩子天生的性情喜好，观察孩子与身为父母的自己有何不同。我在实际的咨询过程中发现，因性情喜好不同而产生的矛盾与冲突比我们想象的要多，这不只是父母的错。

孩子们的性情各式各样，但是社会或学校却经常忽视这一点，对孩子提出统一化的要求，把他们装在同样的条条框框里。老师教的东西要背熟，每天布置的作业要完成，要自己动手整理东西，要听大人的话。

创意需要培养，所以我把那些站在与社会普遍要求相悖的领域的孩子叫作“左撇子”。因为这些孩子本身并没有问题，只是当他们被置于惯用右手的人群中时会感到不适。这些孩子的父母通常十分为难，想要对孩子表示理解，但又无法轻易妥协。尽管如此，父母的理解还是不可或缺的。因为现实中因这种缘于性情差异的矛盾而来接受咨询的青少年并不少。

在大多数情况下，在父母和子女之间一旦开始产生矛盾，就像线团打了结一样，难以找到问题的源头。就算知道矛盾源于性情的差异，当这种差异带来的负面情感一点一点积累起来后，子女的自信心和自我尊重感将受到巨大影响。如果矛盾中还隐藏着父母的焦虑或自卑感，水滴石穿，父母子女间的矛盾必将越来越深。为了避免这种不必要的“水坑”，父母们最好是早早地了解和认清孩子的性情。掌握自己和孩子的习性中可能产生冲突的部分能够大大减少今后不必要的矛盾。

如果你的孩子是一个性情与众不同的“左撇子”，请不要以社会或学校制定的“条条框框”为基准去摆布他们，而是要找到将这种不同升级为优点和特长的方法。而对于一些必不可少的东西，父母则需要像教左撇子写字一样，发挥自己的智慧，付出更大的耐心去教会他们。

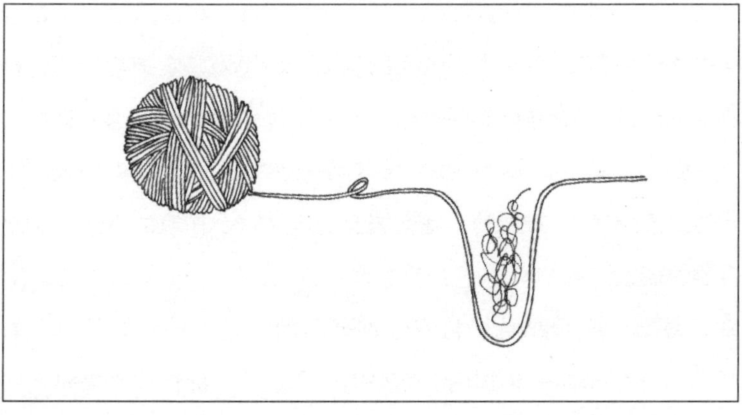

差异的美学

“每个人都怀带着天生的才能降生于世。”这是我们小时候背过的《国民教育宪章》里的一句话。是的，我们都是与众不同的，人类的多样性构成了这个社会，并引领其向前发展。如果我们的社会不存在任何差异，是一个同质的集体，那么它绝不可能获得如此巨大的发展。

在有一年的TED大会中，《沉默》的作者苏珊·凯茵（Susan Cain）所作演讲受到广泛关注。她的演讲中有一部分内容是关于性格内向的人在偏好外向性格的社会中所遭受到的误会和所处的现实，受到大多数人的认同。她缓慢坚定地说：“性格外向的人如此受到世界的欢迎，但真正改变世界的是那些性格内向的人。”她从小就喜欢读书，自从在露营的时候看书被人指责“缺乏集体意识”之后，她就放弃了成为一个作家的梦想，走上了律师之路。

苏珊·凯茵认为，偏好性格外向的人是一种社会偏见，对所有人来说都是一种损失。性格内向和缺乏社会性或害羞是两回事，强迫这种孩子去做一个外向的人反而会阻碍他们正常发挥自己天生的才能。

父母应该因材施教，根据孩子不同的性情喜好为其制订不一样的教育方针或管教方式。例如，对有的孩子来说，“称赞能使鬼推磨”；对有的孩子而言，“称赞是毒”。所以我们要从不同的角度进行分析，根据孩子的性格类型去判断孩子是否需要称赞，称赞对孩子是否有害。虽然有的理论家认为体罚是必要之举，有的理论家对此持反对意见，但是体罚的必要与否同样得视孩子的性格类型而定。对有的孩子我们可以使用体罚来引起他们的警觉，而对有些孩子我们必须细心呵护，“含在嘴里，捧在手心”。

如何根据孩子天生的性格类型，采取适当的方式对待孩子？为了提高教育或管教的效率，找到这一问题的答案极为重要。

只属于我们自己的能力从生理和遗传上来说是天生的。这种互不相同的性情将整个社会创造得多姿多彩。心理学家霍华德·加德纳就“多元智能”提出了自己的理论。人类的智能是多元化而非单一的，这一事实很早以前就被人们提出。霍华德·加德纳认为，除了学习上需要的逻辑数学智能和语言智能之外，智能还包括音乐智能、身体运动智能，像情感智能那样的人际智能和内省智能等。近来，活动范围的半径扩展至国外的运动选手或偶像组合越来越多。不久前，科学知识相关部门也提出开发这种财源的必要性。这意味着现如今，人们已经不仅仅从人文学，也开始从多元智能的角度来考虑人才的开发。

作为父母，我们总是望子成龙，望女成凤，将自己的欲望加诸在能力有限的孩子身上。虽然不知道模范生和优等生多么受到推崇，但是现在的大部分年轻人追求的是在各种不同的领域绽放自己的色彩。这说明我们的综合国力已经获得相应程度的发展，父母们也逐渐开始从陈旧的思维定式中脱离出来。

从心理学角度来看，个性、习性、特长、性情是一家人。从小父母就仔细观察孩子的习性并加以培养，从而开发他们的特长，帮助孩子成为一个有个性的人。从社会的角度来看，这就是“差异”的美学。

1. 玩乐是一笔财富

有的孩子社会商数（Social Quotient）比较高，在美国通常使用“Street Smart”（街头智慧）这种表达。不知道这在望子成龙的父母耳中听起来如何，但是有些孩子从小就社会性出众，比起学习更喜欢和朋友们在一起玩乐，能够很快掌握周围的状况，所以他们从小就对流行十分敏感，在玩具、娃娃、衣着等流行因素方面颇具慧眼。因此，他们想要的东西很多，并很快就会产生厌烦情绪，喜新厌旧，他们不知道为什么要忍受想要拥有的欲望。当然，大部分孩子都是如此。但这种性格的孩子之所以难养是因为他们的能量不断向外释放，而自制能力却很弱。这种特征体现为让人无可奈何地固执己见，这种性格的力量不容小视，它会让父母“难以消受”。

如果你正在为孩子的这种性格而担心，那么我想说的是，“学校里的优等生不等同于社会中的佼佼者”。因为对这种孩子而言，人际关系就是一笔财富，我们最好不要太执着于学习。无论如何，最重要的是不让孩子感到灰心和气馁。

管教也不容易。虽然对所有的孩子来说都是如此，但是这种性格的孩子尤其忠实于自己的欲求，不懂得忍耐。所以，过于严格地将道德或规则强加在他们身上只会带来反效果。因为在他们心中，自己想要的东西就是理由，就是道理。父母理性、道德的说服是行不通的。为了避免被罚，他们会当场说“好”，但转身又随心所欲，不计后果。对于这种类型的孩子的父母而言，这种孩子是最难对付的，所以他们比任何父母都更需要“耐心和智慧”。

我们需要拥有灵活利用自主权和管制的变通性。能量外发的孩子几乎没有自制的能力，学习规则的能力也比较弱，所以我们一定要对他们进行管制。但是自主的领域，即让他们自由发展的空间，应该比其他孩子更宽广。否则他们可能在行为上进行反抗。这对于这种类型孩子的父母而言更是一件无比艰苦的事，不亚于苦行修道。

有一个词我们绝对不能对这种性格的孩子说。因为他们比其他性格的孩子更加忠实于自己的欲望，所以在父母看来他们可能显得有些“自私”，但是我们绝不能对他们说这个词。理解孩子性情的智慧在于视优点为先。虽然他们还只是孩子，但是也可能在物质经济方面十分灵敏，所以利用“代币制”（用象征钱币、奖状、奖品等标记物为奖励手段来强化良好行为的一种行为治疗方法）提早培养孩子的经济观念也不是什么坏事，当然我们还必须明白过犹不及的道理。

关于学习，每日定时定量的学习没有多大效果，且只会成为孩子和父母吵架的由头。孩子集中注意力的时间较短，所以父母最好是在有限的时间内帮助孩子完成学习任务，让他们能够放心去玩，玩得舒心。

对那些学习优秀的孩子，父母还是不满足，认为孩子只要再努力一些就能做得更好，并为此惋惜不已。但是这种性格的孩子绝对不会增加额外的学习，因为他们学习的目的就是玩，当然这并不是绝对的。

2. 心灵如绒毛般柔弱的孩子

有些孩子从小就心肠软、热心，情感防御体系薄弱，容易相信别人，轻易接受别人的情感或情绪。就像一件飘逸的薄衫，一丝微风都能让他们的心颤动不已。他们的心就像豆腐一样柔软，让人不知该如何对待才能避免伤害。他们不擅争吵，总是在争吵中让步，因为他们没有能力独自承担争吵的后果。所以说，这种孩子真是让人“含在嘴里怕化了，捧在手里怕摔了”。

心软而又性格外向的孩子喜欢与人交往的倾向表现得尤为突出。他们兴趣爱好广泛，从小就有很多朋友。对人十分热心，从小就有让人开心的天赋。我们需要知道的一点是，虽然他们表面上看起来很爱笑，但是实际上比任何一种性格的孩子都更脆弱，更容易受伤害。这种孩子在日常生活中可能不擅长整理，没有耐心。

反过来，心软且性格内向的孩子通常害怕独处，自己的身体一定要跟妈妈的某处皮肤相触才能安心。这种类型的孩子特别依赖妈妈，总是跟在妈妈身后。如果家里有能够陪他们一起玩的兄弟姐妹或其他家人，那么他们可能不会去交朋友。即使交了同龄朋友，他们也不会和朋友发生冲突。所以，我们要教这种性格的孩子学会争取自己应得的东西，“让给别人”这种话对他们来说可能有害而无利。如果孩子手里有10个糖果，我们就要告诉他“你自己吃8个，剩下2个给朋友”。只有这样孩子才有可能至少会吃一半的糖果，只有这样他和其他孩子的关系才能保持平衡。

最重要的是不能让孩子感到气馁，表现得淘气、任性一些可能更利于建立孩子的自我尊重感。

绝对不能大声责骂他们，因为他们的心就像微微颤抖的稚嫩幼芽一般，经不住春寒料峭。

3. 具有超直感的孩子

有些孩子从小就想法比较多，具有超群的直感。他们通常喜欢看书，喜欢提问，看待事物的眼光和角度敏锐得不似孩童，具有超直感能力。有时他们从小便表现出的卓越超群就让父母欣喜满意，但他们在日常生活方面却十分迟钝、笨拙，这种不均衡发展让父母们难以理解。

这种性格的孩子之所以难以理解和教养，首先是因为他们独有的特性。从小就对知识充满好奇，对自己感兴趣的领域了解得深刻透彻，很多时候都让人不禁好奇“孩子小小的脑袋瓜到底是怎么想出那些东西的”。而相对的，他们在日常生活方面的迟钝与笨拙不是三言两语能够尽数的。没有自觉，疏于自我管理，对反复的日常生活感到厌烦，毫无兴趣，对周围发生的事情后知后觉。

可以说，他们拥有“假分数的头脑，软体动物的四肢”。

他们的思考体系与他人不同，看世界的角度与他人相异。一旦产生某种想法，脑子就会忙于思考，如此一来便没有闲暇去看，也看不见周围的情况，因为那时的他们活在自己的想法中。也是因为这个原因，他们从小就常被人说健忘，容易忘记或弄丢作业、鞋套。这种孩子在父母眼中就成了“忙忙叨叨的孩子”“懒惰的孩子”。

父母们通常难以理解这种性格的青少年时期的孩子，不知道该如何去理解他们身上聪慧与笨拙的不平衡现象。要为这种性格的孩子画一幅画像的话，那就是“只有一个大脑袋却没有四肢的孩子”。与其为了管教他们费尽心思，不如成为他们的“生活小秘书”。总之，因为孩子不同的思考方式和模式而对其加以指责，只会徒增彼此的无助感。为了不让孩子珍贵的想法成为“无用之物”，父母需要表现出特别的理解。

这种性格的孩子所具有的超直感是他人可望而不可即的。如果拥有超直感和系统的思考能力，孩子可能会成为像爱因斯坦或史蒂夫·乔布斯那样的人；如果同时具备超直感和温和的感性性格，那么孩子可能成为像斯皮尔伯格那样的电影导演，或者像作家朴婉绪和申静淑那样能够拨动人心弦的艺术家。

这种孩子大部分在学校的学习方面表现得比较极端。有可能学习非常优秀，也有可能正相反。不过好在他们仔细、细心，所以不会逃课厌学。但是比较松懈的孩子通常会很难适应韩国的教育现实，留学对他们而言将是最佳选择。

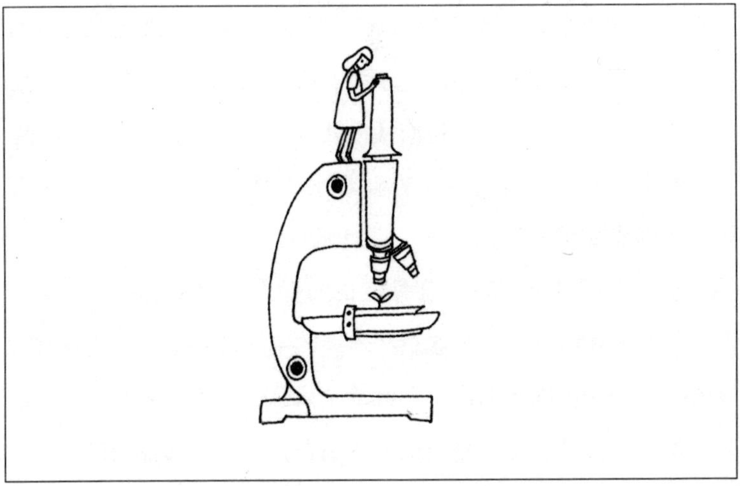

性格类型略解

智力、性格、性情等心理测试不计其数。WAIS（韦氏智力测试）、多元智能测试、九型性格（Enneagram）、MBTI（Myers-Briggs Type Indicator）测试等。多元智能测试，顾名思义，就是对构成智能的多种要素进行说明和测试，九型性格学则适当地同时涉及性情和智能两方面内容。

测定性格类型时使用最普遍的测验方法就是MBTI（一种迫选型、自我报告式的性格评估工具，用以衡量和描述人们在获取信息、做出决策、对待生活等方面的心理活动规律和性格类型）性格测试。该测试理论清晰，体现出的动态潜力较大，经验研究比较丰富，因此我通常也主要使用这一性格测试方法。这一方法的缺点在于没有适用于婴幼儿的测试体系，且虽然有用于小学生的儿童用测试体系，但大部分都可行度不高。所以，要想透彻地理解子女的性情，父母只能熟知这一测试方法之后，对自己孩子的性情进行推测。因为最了解孩子的人就是他们的父母。

我在下文简单地介绍了MBTI测试。并且为了让大家尝试体验一番，我提出了几个问题。如果想进行详细的测试，大家可以在网页的检索栏里输入“韩国性格心理测试研究所”（kpti.co.kr），找到测试的具体信息。希望大家能够在这一测试的基础上大致推测出孩子的性情，并以此为参考认真地考虑在养育孩子的过程中应该注意些什么。

四大性格类型维度

体现于表面的态度		作用于内心的能力	
释放能量的方向	外倾型E	获得信息的方法	现实（感觉）型S
	内倾型I		理想（直觉）型 I
生活方式	整理（判断）型J	作判断的时候	思考型T
	开放（感知）型P		情感型F

1. 活泼的外倾型孩子，安静的内倾型孩子

外倾型Extroversion VS 内倾型Introversion

能量朝着哪个方向释放

试想一下你在开车，汽车启动之后开始慢慢地踩油门，踩得越使劲汽车的速度就越快。在畅通无阻的大路上尽情踩油门加速的感觉想想都让人心情舒畅。把油门踩得越紧，汽车前进的速度就越快。但是想象一下如果我们不放下手刹去踩油门的话，虽然车子也会前进，但会对车子本身造成负担。这两种情况形象地体现了人们在外倾型和内倾型性格的人身上感受到的差异。

每个孩子都喜欢玩游戏，因为他们能在游戏中表现自我，释放自己的情感。孩子不玩游戏是不正常的表现，无论他的性格是外向还是内向。而性格的差异体现在玩游戏的范围和方式上。如果孩子游戏的活动范围广泛，喜欢和很多朋友一起玩的话，那么我们可以说他属于“外倾型”。反之则是“内倾型”——活动范围有限，只喜欢和一两个朋友玩，在条件不如意的情况下会选择自己一个人玩儿。

这里不存在好与坏的问题，只是孩子天生的性情所致。如苏珊·凯茵所述，虽然性格外向的人在社会上更受欢迎，但是性格内向的人也能拥有影响世界的能力。罗斯福和甘地都是性格内向的人。重要的是做符合自己性情喜好的事情可以让人更舒服自在。苏珊·凯茵说过，自己为了适应偏好外向性格的社会而放

弃作家之梦，成为一名律师。而她之所以能够被邀请参加TED大会，却是因为她写出了《沉默》这本书。为摆脱内向性格而选择的律师生涯无人问津，而当她忠实于自己的性情，以一个作家的身份回归之时却声名大噪。

是的，内倾型的孩子也能进行外部活动，也能胜任班长一职。只不过当内倾型孩子进行外部活动时需要更多的心理能量。内倾型孩子进行外部活动时能量是反向释放的，就像没放下手刹开车一样，耗能更大。所以，父母一定要理解，孩子在进行外部活动之后一定需要可供他们独自思考和休息恢复的时间。

2. 仔细的整理型孩子，灵活的开放型孩子

整理（判断）型Judgement VS 开放（感知）型Perception

行为方式如何

行为方式是日常生活中孩子和父母最有可能产生冲突的领域。整理型孩子有条有理，井然有序，喜欢在规划好的环境中生活。所以他们通常善于整理和安排，很守时。反过来，开放型孩子即使生活在乱糟糟的环境中也不会介意。整理型的孩子重视时间概念，事情一旦开始就一定要做到最后才舒服，不会半途而废。开放型孩子通常不受时间的束缚，比起结果更重视过程，所以他们不会执着于事情的结果，从这一点来看，他们比整理型孩子更懂得变通。

当然，无论属于什么性格类型，孩子都需要养成整理的好习惯，接受相关训练。只不过整理型孩子学得比较快，不会在这一方面与父母产生太大的矛盾。反之，开放型孩子则需要更多的时间和努力，有时会让父母忍无可忍，最终点燃引发矛盾的导火线。

整理型和开放型首先在生活方式上差异明显，所以即使是在家人之间也可能引发冲突。想法多但行为懒散的丈夫和眼里容不下一丝脏乱的妻子之间必有不和；每件事都做得准确无误、细心仔细的丈夫和什么事都无所谓、拖拖沓沓的妻子之间也少不了争吵。但问题是父母与孩子之间因性情不和而产生的矛盾。干净利索的妈妈难以忍受懒散、不擅整理的孩子。妈妈只有在眼前一切都干净整齐的时候才能感到愉悦和幸福，而一转身孩子就让一切都乱了套，这种事每天都在重复地发生，这让妈妈如何受得了？

但是需要明确的一点是，这种生活方式的不同引起的矛盾可能会影响到孩子“自我尊重感”的发展。所以在进行管教时要充分发挥我们的聪明才智。就像上文所提到的那样，将孩子的游戏空间定为治外法权区域，规定孩子不能将玩具带到客厅或家人共同使用的空间。如果这还不如意的话，还可以给孩子规定时间。例如从幼儿园回来之后到吃晚饭之前，孩子可以在客厅里随意玩耍，但是在吃晚饭之前一定要收拾好。

3. 善用五感的现实型孩子，追求意义的理想型孩子

现实型（感觉）Sense VS 理想型（直觉）Intuition

如何获得信息

现实型还是理想型，关系到孩子们通过何种手段获得信息，和他们如何将其记在心里。“现实型”（S）的孩子通过人类的五感，即视觉、听觉、味觉、触觉和嗅觉收集信息，并对其产生具体、实际的记忆。反之，理想型的孩子将眼中所见事物的内在含义记在心里，通过直觉或灵感赋予其意义。

这两种性格的人想法和观点截然不同，从某种程度上我们甚至可以说他们生活在互不相同的两个世界里。家里拥有这两种性格的人是最无法沟通交流的，他们之间的矛盾也是最难以克服的。因为他们的思考模式完全不同，看世界的角度也不同。

现实型和理想型之间的比率大概是7：3或8：2，现实型性格所占比重明显更大，理想型性格群体自然就成了外人球队。也因此，即使别人不说什么，这种性格的孩子也会成为心理上的“左撇子”。世界的运作方式和自己的想法完全不同，这必然让他们感到不适和产生排斥感。要是这时父母也不理解自己的话，孩子就更容易丧失自我尊重感。

父母觉得理想型的孩子难以理解，如果孩子性格内向的话就更是如此。大部分小孩子在日常生活中显得十分笨拙，反应迟钝，以至于让人怀疑孩子是不是晚熟，长大之后也没有太大改

善。这是因为他们不具备进行现实判断的能力，这也是我将他们称为心理上的左撇子的原因。

同时具备内倾型和理想型性格的孩子为什么反应慢？因为他们“需要时间来检验眼前的状况是否与自己的想法相一致”。那他们为什么需要检验的时间呢？因为和朋友在一起的时候，他们的想法或行为总是“不合时宜”。

父母因等待孩子做出反应而感到郁闷不已的时候，孩子正在为检验自己的想法而挥汗如雨。

4. 合理的思考型孩子，敏感的情感型孩子

思考型Thinking **VS** 情感型Feeling

如何对所获得的信息加以判断

获得信息之后我们需要对其加以判断，以这一点为基准性格可分为“思考型”（Thinking）和“情感型”（Feeling）。思考型性格的人用头脑进行判断，情感型性格的人用心去判断。举冉·阿让的例子会更容易让人理解。面对“为了侄子偷面包的冉·阿让是否应该受到惩罚”这一问题，思考型的人会回答说“虽然可以理解，但是必须依法受到惩罚”，而情感型的人则认为，“为了侄子偷面包的冉·阿让反而应该受到褒奖”。这并不是说思考型的人就是冷血的，情感型的人就是善良的。思考型的人也会考虑情感，他们思虑周全，但是判断的结果一定是合乎理

性的。情感型的人也同样会考虑到所有的情况，但是最后会听从心的判断。

这两种人可以从外表上得以区分。在眼光相接前就做好微笑准备的人大多是情感型，而在接受问候时犹犹豫豫的人极可能是思考型，因为他们可能在思考是否应该问候对方。情感型的人会先打招呼，然后思考。通常难以拒绝别人的请求，难以将“不”字说出口的人是情感型性格的可能性非常大。还有比起自己的意愿，更优先考虑他人意愿的人也是情感型。思考型的人总是带着让人不敢轻易接近的表情，心有城府，不轻易表露出自己内心的想法。

情感型的孩子通常比较软弱。父母的声音稍微大点儿就可能让他们受到惊吓，满眼惊恐，像小兔子一样。妈妈如果不看着自己，他们就会小心观察妈妈的眼色。这种孩子极可能成为妈妈的向日葵，一心为实现妈妈的愿望而努力，却忽视了自己的意愿。

至此，我对MBTI测试的4种性格类型维度进行了简单地说明。分开理解每个单一领域并不难，问题是当这4个维度相互交叉后形成的性格类型。根据这4个维度可组成大概16种性格类型，这些性格类型表现出更强的动态性特征。

基本性格类型

SJ——现实性强的整理型

这是父母心中最期望的类型。因为这种孩子诚实，有责任心，自己的愿望和社会的要求相一致。时刻维持模范生的形象，最有可能成为让人羡慕的优等生，在班级集体里通常会被选为班长。演艺圈的艺人大部分都是开放型，但拥有“全民××”称号的艺人有可能属于这一类型。

这种类型的孩子长到一定程度以后就懂得自己照顾自己，不需要父母太过费心了。如果有弟弟妹妹的话还会照顾弟弟妹妹，大人们经常会说“不知道是像谁才这么懂事”，但其实这种性格大部分都是天生的。

内倾型（ISTJ，ISFJ）的孩子通常会安安静静地把自己的事情老实做好。外倾型（ESTJ，ESFJ）的孩子在学校等集体中总是起模范表率作用，最有可能当上一班之长。

SP——现实性强的开放型

SP型与SJ型性格只有一个字母之差，但实际上却千差万别。整理型和开放型关系到行为方式，二者的表现正相反。从父母的角度看，SP型的孩子不细心，做什么事情都马马虎虎，没有计划，把所有的事情都集中到前一天晚上或当天早上来做。

我总说要视“优点”为先。SP型的孩子不受时间的约束，爆发力强，看待事物的角度多变，因此比其他人更懂得变通，更具创意。

内向的思考型，即ISTP型的孩子可以自己一个人玩，好好培养的话有可能成为像爱迪生或朝鲜王朝时期杰出的科学家蒋英实（1383—1450年）那样的实用发明家。他们拥有将眼中所见事物的现象运用于生活的才能，适合从事计算机或IT领域。

外向的情感型，即ESFP型的孩子希望自己的人生是一场“玩乐”，充满“趣味”。这种性格的人非常亲和，所以喜欢做一些与人打交道的事情。为了父母与子女的关系，最好不要对这种孩子过于管束。学习也任其浅尝辄止就好，至于工作方面，带“师”字的职业压根儿想都不要想。即使父母用这种方式教育孩子，他们的气质性情还是无法改变。要是想把这种性格的孩子培养成有名的人，最好是让他们去当娱乐企业家或艺人。

NT/NF——直觉性强的理性型/直觉性强的情感型

“思想上的左撇子。”

不知道这样的说明能不能帮助大家更易于理解这一性格类

型。这种孩子的思考体系从小就异于他人。采用直觉性思考方式的内倾型孩子从小就不太显眼，语言能力还未得到充分的发展时，孩子不知道如何表达自己的想法。等到学会表达之后，周围的人却对他们的想法无法产生共鸣，这使他们马上关闭自己的心门，进入想象的世界。所以这种孩子在一段时间之后会试图和书本进行交流。

同时具备情感型和直觉型（NFP）性格的孩子们拥有一副热心肠，将自己的直觉释放于对爱的描写。所以NF型性格再加上内向和开放性格的孩子，即INFP型性格的人喜欢呆望着天空中的云朵思恋爱人，易成为诗人或小说家。外向的ENFP型孩子比内向的孩子更亲和友善，将自己的想法体现在表面上，所以他们总是将自己的好奇心以提问的方式表露在外。卓越的直觉和想法，充沛的能量是他们的特点，电影导演史蒂文·斯皮尔伯格就是一个典型的例子。《印第安纳琼斯》《侏罗纪公园》《E.T》等电影都是利用他非凡的直觉，在想象中创造出来的。他通过媒体这一手段将自己的直觉与想象展现于人前。

不知是不是因为想象力丰富，这种孩子大部分都在学校学习方面让父母发愁。这是“头脑聪明但是不爱学习”的代表性事例之一。与大部分都进行无言反抗的INTP等类型不同，他们能够就自己不学习这件事与父母进行流畅的辩论，并试图说服父母。教养这一类型的孩子，父母有时会感到十分有趣，但是也会因为孩子捉摸不定、行为荒唐、难以理解而感到郁闷和辛苦。

斯皮尔伯格型（ENFP）的孩子

我一个朋友的孩子就是这种性格。在养育儿子的过程中，父母为孩子操碎了心，个中苦楚一言难尽。孩子从小就沉迷于动画片，立志成为一个动画片制作人，天天把这话挂在嘴边。朋友们看学习参考书的时候，他却在收集有关世界各国动漫、漫画的所有资料，把房间堆得满满的。期末考试前把整个书包都弄丢，制造出“没有教科书所以学习不了”的借口。虽然如此，但他的爆发力却比较好，所以还是考上了好大学。两年之后就去参军了，回来之后拒绝复学，说要为留学做准备。他想制作出韩国式的动画片。为了实现这个梦想，他计划先学习美术，然后在华特迪斯尼公司积累经验。他生平第一次去了美术学院学习，10个月之后制作出自己的作品集，从美国的所有著名美术大学那里收到了入学通知书。在美国留学结束后回到韩国，打败了99名竞争对手，通过了国内某电视台的资格考试。

这种性格的孩子在自己感兴趣的领域具有卓越的能力。但是高智商的他们却难以适应一成不变的学校生活，他们无法忍受长时间只做一件事情。总是把学校的作业推迟到最后，在开学前一天晚上挑灯夜战，一气呵成。低学年的时候这种方式还有可能行得通，但是到了高中，学科课程复杂，需要大量时间来学习，这时他们就开始和父母就学习问题展开大战。他们虽然拥有将别人做10次才能做好的事情一步做到位的本领，但是就因为如此他们总是会错过一些细节上的东西。所以他们在学校考试中绝对拿不到100分，学校成绩排名自然也好不到哪里去。

这种孩子的性格是最难以适应学校教育制度的类型之一。父母也因这种孩子而心力交瘁，孩子看起来好像身怀各种才能，但是却不知道该如何对待他们才好。当孩子表现出对某一领域的兴趣时，父母就马上送他们到专门的学院去学习。但孩子却马上厌烦起来，还总把错怪在老师身上。孩子因自己学习的东西不符合自己的性情和风格而感到郁闷不已。这种性格的孩子虽然拥有别人所没有的出色才能，但是却与学校和学院八字不合。

MBTI四项取向指标的一般表现

	Extroversion 外倾型	Introversion 内倾型
一般特征	·能量外发，性格活泼热情 ·维持广泛的人际关系，善交际	·能量向内释放，性格比较安静 ·和少数人维持深交的朋友关系
成年人	·将注意力集中于外部世界 ·喜欢室外活动 ·喜欢用语言表达自己的想法 ·人脉广 ·与初次见面的人也能很容易谈得来 ·在人群中比较显眼，易为人所知 ·先行动后思考 ·先尝试后理解	·对外部活动比较消极 ·喜欢独自安静地思考 ·喜欢用文字表达自己的想法 ·和少数人维持深交 ·与人初次见面时比较安静谨慎 ·不显眼，不容易为人所知 ·先思考后行动 ·先理解后尝试
孩子	·好动，甚至让人觉得忙乱 ·从小就喜欢外出 ·喜欢和朋友一起玩	·通常比较安静 ·可以自己独自玩耍 ·对家庭关系感到满足时，不会去找别的朋友

	Sense 现实型	Intuition 理想型
一般特征	· 通过视觉、听觉、触觉等五感获得信息 · 重视实际经验，着眼于现实	· 认知现象的观察力强 · 抽象的逻辑性强 · 着眼于未来，追求意义
成年人	· 重视现实和实际 · 比起未来更注重现在 · 对真实事件的描述能力较强 · 更容易接受通过视觉、听觉和触觉获得的信息 · 重视实际经验 · 喜欢真实具体的东西 · 遵循惯例，比较保守	· 重视意义 · 比起现在，优先考虑未来可能性 · 比起部分，更重视整体 · 依赖于观察和五感 · 重视想象力和独创力 · 喜欢有意义和能带来灵感的东西 · 喜欢尝试新事物
孩子	· 大部分孩子都属于这一领域 · 从小就对流行十分敏感 · 如果是女孩的话，对妈妈的化妆品或衣着感兴趣	· 从小特别喜欢看书 · 问题多，问题的水平有时超出大人的想象

	Thinking 思考型	Feeling 情感型
一般特征	· 逻辑分析能力强，判断客观	· 友好，重视人际关系的和睦
成年人	· 忠实于原理、原则 · 比起情感更重视思考 · 重视真实性和事实 · 喜欢进行逻辑分析 · 喜欢明确分辨是与非 · 重视规范和基准 · 心有城府，藏而不露 · 被认为麻木、木讷 · 适合从事分析事物、状况、现象的职业	· 对人际关系感兴趣 · 比起理智，更忠于内心 · 重视意义和影响 · 偏向于感同身受和接受 · 偏向于判断出好与坏 · 重视对自己的意义 · 爱笑，视线相遇时会先打招呼 · 适合从事与人打交道的职业
孩子	· 从小固执于自己的想法和判断 · 擅用“讨厌”“不”等词语	· 从小就特别软弱、敏感 · 特别离不开妈妈 · 爱笑、爱哭、容易生气 · 有可能睡眠较浅

《MBTI自我性格类型目录》

此资料是为帮助读者理解MBTI性格类型而简单制作的目录。

此目录只是一份用于大致推测自我性格类型的资料，有意对自己的性格类型进行准确了解的读者，请在接受过MBTI专业教育的专家处接受MBTI测试后获取相关分析结果。

	Judging 判断型	Perception 感知型
一般特征	· 时间观念强 · 重视事情的开始与结果	· 认为目标和方向可以改变 · 目标视具体情况而变，懂得变通
成年人	· 注重事情的结果 · 按部就班地完成每件事 · 擅长整理和安排 · 认真、细心、准确地完成每一件事 · 重视系统和逻辑性 · 喜欢整理和做有计划性的事 · 按计划行事 · 目标意识明确 · 喜欢快速作决定，从而推进工作快速完成	· 比起成绩，更享受过程 · 在时间上比较自由、放松 · 性格懒散 · 懂得变通，时常做出改变 · 喜欢自主和主动 · 喜欢视情况而变 · 能够理解并适应新变化 · 认为目标和方向可视情况而变 · 迟迟不作最终决定，善于寻找多种可能性
孩子	· 从小就十分细心 · 很快学会整理 · 可能稍微有点儿强迫症 · 即使没人教，也擅长整理善后	· 可能看起来显得比较忙乱 · 做事情可能会毫无头绪 · 不擅长整理 · 爆发力强

在各方面内容中，标记出感到符合自身情况或认为与自己有关的内容。标记符号更多的一边极有可能就是自己所属的性格类型。

尾声

用心若够深，无处不可达

子女面前没有完美的父母。我们总是希望自己作为父母能做到尽善尽美，偶尔因自己的不足而惭愧不已。我们都是在未成熟之时已为人父母。养育子女是一个学习如何为人父母的过程，是一个走向成熟的过程。从精神分析的角度对夫妻和家庭治疗进行研究的迪克斯（Dicks）认为，结为夫妻、成为父母都将为人们提供一个获得再次成长的新机会。在与别人的交往中矛盾能够被避免，但家庭中产生的矛盾绝对是不可避免的。因为这与我们内心深处的情感交织在一起，所以只要没有从根本上得到解决，这种矛盾将无限重复。

精神动力治疗中提出“不要害怕与患者发生矛盾，学会欣然接受它”。父母与子女之间也是如此。父母与孩子一同走向成熟，而矛盾就是这种成熟的肥料和养分。矛盾让父母获得重新审视自己的机会，并让他们在解决与孩子间矛盾的过程中不断成长。可以咨询他人的意见，但是不要耳根子太软，最好是多花点儿时间仔细观察矛盾产生的根源所在，了解自己对孩子的情感源于何处。因为孩子的年纪太小，所以即使引起矛盾的是孩子，应对和解决矛盾的人只有爸爸妈妈。成为矛盾一环的孩子本身并不具备解决矛盾的能力。

偶尔打破禁忌，给予孩子母爱

世上有很多禁止事项和不可为之事，其中大部分都限制孩子去做他们想做的事情。禁忌指的是“为了维持集体的秩序而抑制个人欲求”。打破禁忌，偶尔答应孩子的请求，听从他们的愿望，有时这就是母爱的体现。不要害怕孩子会被惯坏，孩子是否会被惯坏完全取决于父母的成熟程度，跟打破几次禁忌毫不相干。

在自己家吃饱的孩子绝不会去别人家蹭饭。即使在家里得到满足，外面的生活也可能轻易让满格的能量消耗殆尽，无关乎年龄。所以，家和妈妈必须成为添加燃料和补给能量的地方。

当我建议父母放宽对孩子的管教时，他们通常会反问我，那么孩子不会被惯坏吗？孩子是否会被惯坏完全取决于父母的成熟程度，跟打破几次禁忌毫不相干。管教是必不可少的，但是当孩子的欲求十分强烈时，父母选择后退一步的做法也是一种智慧。

走出家门的瞬间，孩子们就不得不面临无数的制约。在学校，老师总是教导孩子不能违反规定。那是当然的，因为老师必须同时带领和管理多名学生，对他们来说，最重要的是孩子能够听话地遵守规定。爸爸们总说要把孩子培养成一个坚强且有能力的人。这也是正确的想法。爸爸们在切身体验了挣钱的辛酸苦楚之后会产生这种想法是理所当然的。

妈妈却不一样。她们认为，应该给感到辛苦劳累的孩子提供一个休息的空间，应该给在外面四处碰壁受伤的孩子提供一个可以得到慰藉的港湾。妈妈没有必要也变成一个严厉的老师。比起"一个鼻孔出气"，爸爸妈妈"一个唱白脸一个唱红脸"的方式有时更有益。至少在家里的时候，能够用爱把孩子喂饱的只有妈妈了。偷偷地把孩子叫到厨房，喂孩子吃好吃的东西，帮孩子擦擦嘴——妈妈的这种心情在孩子身上得到切实体现。妈妈的温情让孩子获得满足，母爱的浇灌让孩子变得坚强。能够打破禁忌，给予孩子爱的人舍妈妈其谁?

我紧挨着坐在最近因为网聊而被我忽视了的孩子身边，不管孩子怎么嫌烦地将我推开，我还是像岩石上的苔藓一样紧紧贴着他。如果不这样做的话，我们就更加无法靠近已经逐渐长大的孩子的心灵。所以有的时候我会无聊地硬缠着孩子，或像个小丑一样逗孩子开心，致使我在家里作为一个母亲的权威消失已久。当然刚开始的时候我并不曾这样做过，这个方法是我在美国和孩子不断磨合的过程中逐渐学会的。只要能够走近孩子，无论让我放弃什么我都在所不惜；如果不能和孩子心灵相近，无论拥有什么都毫无意义。我以为，家里的权威者有爸爸一个就足够了，妈妈有时要成为孩子的襁褓，成为孩子的尿布。这也是我在和孩子不断磨合的过程中，在精神分析的学习过程中领悟出来的道理。

当孩子让你感到讨厌时，“降低孩子在妈妈心中的年龄”

要是觉得孩子讨厌，请降低妈妈心中孩子的年龄，直到心中的厌恶感消失。17岁，5岁，3岁……然后重新开始教养。

“养育孩子是世上最幸福的事情”，能说出这话的人想必格外受上帝眷顾吧。孩子的确是一种美好的存在，但是在养育孩子的过程中，我们总会产生想要揍孩子一顿的心理。我的朋友是一个天不怕地不怕的人，但是这样的她却有一个克星，那就是她的儿子。她对儿子生气过，也细语安慰过，但是有一次她让孩子滚出去之后孩子就真的离家出走了，无计可施的她终于乖乖投降，败给了儿子的大胆行径。只要孩子记得回家，不忘上学，她就感恩戴德了。所以才有“无子便是福”这种话吧。

来接受心理咨询的妈妈中，有很多因为孩子太讨厌而不知所措的案例。矛盾一旦加深，孩子和妈妈之间真可以说是成了上辈子的仇人。大多时候妈妈们甚至会觉得养个孩子还不如养条狗来得省心。狗还知道撒娇讨喜，不会任性耍横。

一些暂时性的厌烦情绪并不会引起什么大问题。妈妈非常疲劳却还要照顾孩子的时候，孩子把房间弄得一团糟的时候，和弟弟妹妹打架的时候，都会让人觉得讨厌。这些都是没有办法的事情。但是当孩子持续反复地让人讨厌的时候，无法理智地忍住不讨厌孩子的时候，在不断反复的状况中无法忍受怒气的时候，我们就有必要暂时和孩子保持一定的距离，冷静下来好好思考一番了。

无论起源于什么，在同样的情况下妈妈反复发火三次以上的话，形成矛盾的可能性就非常高。我经常对那些声称“讨厌死孩子了”的妈妈提这样一个问题：在妈妈心中，孩子的年龄有多大？大部分妈妈都会说得比孩子的实际年龄小几岁。虽然听起来像歪理，但我通常会建议妈妈将孩子的年龄看得更小一些。不断降低孩子在自己心中的年龄，直到孩子不再讨厌，直到孩子让自己感到可怜和心疼为止。除此之外我不知道任何别的解决办法。然后我们再从那个年龄开始重新教养孩子。我认为，从哪里跌倒就要从哪里爬起来，孩子让妈妈不讨厌，让妈妈感到心疼的年龄就是重新教养孩子的原点。

当孩子掉进坑里的时候，老师会这么说，“快出来吧，不出来的话我就带着其他的小朋友走了”；爸爸会这么说，“还不赶紧出来，再不出来的话就要挨骂了”。妈妈不能这样，妈妈要跳进坑里，拖着孩子的屁股帮助孩子爬上去，脚滑的时候让孩子脚踩着自己的手往上爬。让妈妈从小时候开始重新教养孩子就是这个道理。我认为这是妈妈应尽的职责。

这也是我在大女儿经历艰难的青春期时学会的一个方法。当时我正计划着回韩国，所以把女儿寄放在学校宿舍里。本以为聪明的她能够很快适应宿舍生活，谁知我却失算了。最后我选择了改变计划，留在孩子身边。这是因为我躺在沙发椅上接受精神分析时，脑海中出现的一个画面——在一个类似沙漠的地方，中间有一道窄窄的峡谷和一个小孩，孩子正因为无法跨过峡谷而哭泣。虽然峡谷并不宽，但也绝非一个孩子所能跨越的。而孩子却必须跨过去。这个哭泣的孩子就是正处在青春期的我的女儿。从那时起，我心中孩子的年龄就变小了。孩子因为没有做完作业或考试没考好而哼哼唧唧的时候，因为早上晚起造成迟到的事大发脾气的时候，我都会在心里把孩子的年龄降低一个层次，把已经15岁的大孩子看成10岁、7岁、5岁……直到孩子不再让我感到讨厌。即使她没有达到我的期望，或者无缘无故地发脾气，我都会采取这种方法来应对。

父母与孩子之间的“宽容”大概就是这样的吧——生气之前感到难过，伤心之前感到遗憾，又爱又恨……我就是这样走出孩子的青春期这条隧道的。

致职业妈妈：量大不如质优？

孩子3岁之前一定要由妈妈亲自教养，这样孩子的一生才能顺顺利利。因为在孩子未来生存过程中所需的情感或认知等重要框架几乎都是在这一时期形成的。

近来，婚姻及其形态正在发生巨大的变化，女性的生活也不同往日。30岁之前结婚的女性较少；30岁以后的女性中，已婚的只占1/3；丁克族日益普遍。总之，女性的身份认同逐渐受到关注和重视，婚后也能在自己的领域里继续工作。这从女性的立场来看不能说不是一件令人期待已久的事。

但是我们不能断言女性的生活也获得了相应程度上的自由。丈夫无法代替妻子生产，育儿的责任也仍然主要由女性来承担，无甚变化。不仅如此，社会反而以女性所获自由为由要求她们成为女超人。所以对婚后仍然想工作或不得不工作的女性来说，生产或育儿必然成为心头之虞。

安慰这些妈妈的时候有一句话效果很不错，那就是“量大不如质优”，意思就是说，即使不能一整天陪着孩子，但是在质量上给予孩子最好的就行了。事实上并非如此，为人父母一事不能将“质”与“量”单独分开，只重其一。质与量都是必需的。量的累积促成质的飞跃，量变产生质变，这就是育儿。在职场上看老板的眼色，劳累一天的妈妈怎么能好好地照顾孩子呢？“妈妈”不是业余生活或副业，当妈妈本身就是一份“辛苦的职业”。如果还要出去工作的话，妈妈就等于要打两份工，身兼双职。实际上，对我身边那些一心教育孩子的全职家庭主妇和从事心理学相关领域工作的同事作一番比较后我发现，全职妈妈更擅长养育孩子。“养孩子就像种田”的说法并不是毫无道理的。养育孩子就像种水稻一样费工夫，需要付出巨大的精力和心血。春播秋收，从春天的播种到秋天的结果，农夫没有一天能够闲着。对于养育孩子一事来说，一分耕耘一分收获。换言之，父母的照顾多多益善。所以我有时会告诉我的后辈们，别人的事情可由他人代劳，但是养育孩子只能自己亲力亲为。

俗话说，“三岁看八十”。所有育儿专家都强调，“孩子3岁之前最好是由妈妈亲自教养”。这句话无论如何强调都不过分。童年是孩子未来生存过程中必需的情感、认知能力等重要框架形成的时期，因此妈妈的存在和作用绝对不可缺少。事实上大部分职业女性都会这么想，只要孩子能够得到很好的照顾，即使不是妈妈，由其他人来照顾也没关系吧。但是不知为何，这一时期的孩子在这件事情上总是格外执着于母亲。我想这应该是“主食”和“零嘴”之间的差别吧。

就我的经验来看，妈妈以外的任何人都无法替代其作用的时期就是“3岁之前”和“青春期”。如果孩子小的时候得到全面的照顾，那么青春期也能安然度过。孩子小时候很听话一点儿用处都没有。孩子就应该有孩子的样儿，孩子听话或早熟不应该是一件令人高兴的事。这只能说明他们的欲求被暂时压抑和保留下来了而已，直到青春期。现在，青春期阶段妈妈的必要性在入学考试中也得到体现。因为现实中，父母的信息量在子女的大学入学考试中占据较大的比重。此外，严重的入学考试白热化现象让孩子面临超出自己年龄层承受范围的巨大压力。

当新婚的年轻新娘们问我该不该生小孩的时候，我都会毫不犹豫地告诉他们“不要生”。即使具备了生孩子的条件，做好了充分的心理准备，为人父母的辛苦和艰难还是会超乎你的想象。为人父母意味着无穷无尽的牺牲和奉献。

父母是一个没有“保障”，亦无“回报”的职业。想要“保障”的话，指望孩子还不如保险和退休金来得稳当；想要“回报”的话，指望孩子还不如做慈善来得有意义。温尼科特曾说，“为人父母就是要让孩子能够尽情利用”，只有这样，孩子的自我才能得到巩固。这句话的言外之意是，让为人父母者成为一个垃圾桶，接受孩子所有的情感残渣吗？换个立场去想又不一样了。站在孩子的立场回想父母，“要是我的父母这样做了的话就好了”。孩子心中的遗憾累积，让他们感到郁闷，感到生气。所以作为父母没有道理不按照温尼科特所说的去做，我也不例外。这就是为什么我一再对丁克族的明智羡慕不已的原因。

怀孕，生产，母爱

如果说“想要孩子”的想法出于天生的母爱，那么你只说对了一半。这种想法也包含着另一个意思，那就是“我也想成为一个孩子”。无法理解这种机制可能会对育儿过程造成影响。

1. “宝宝说想吃嘛！”

这是怀孕的妻子害喜的时候对丈夫常说的台词。看电视剧的时候好像觉得无比肉麻，但是事实上没有比这更能准确表现孕妇心理的话了。我想要孩子是为了成为一个好妈妈。但是这种想法的背面还隐藏着“我也想像孩子一样被宠爱”的愿望，至少在怀孕期间是这样的。她们将自己的这种愿望视为胎儿的意愿。

所以，孕妇在怀孕期间受到精心照顾，才能预防产后可能产生的忧郁情绪。虽然这被认为是激素产生变化的结果，但这也是妈妈们因产后忧郁症没能在心理上受到良好照顾而产生的无助感，和失去愿望寄托对象之后产生的客体丧失感。产妇必须受到精心照料的最重要原因在于，产后身心俱弱的状态让产妇再次经历幼儿时期的可能性较大。需要照顾初生婴儿的妈妈正在因回到自己幼年时期而满心忧郁，因此她们的眼中没有孩子的立足之地。小时候自己没有受到精心照顾的事实可能会让妈妈感到心情烦躁。小时候没有受到良好照顾的无意识情感涌现出来，可能会让妈妈沉浸在忧郁中不可自拔。

女性“想成为孩子”的愿望是她们“想成为妈妈”这种想法的影子。这两种愿望就像硬币的两面。如果妈妈没有这种觉悟，那么可能会给育儿带来影响。

母爱就是在这种觉悟中开始的。每个人的母爱都是不一样的。母爱开始于对“我在成长过程中得到多少爱”“我心中的丧失感有多强烈”的理解。把孩子看成麻烦，因没有养育好孩子而感到强烈的不安，觉得孩子的行为特别讨厌，这些情感都可能发自妈妈的内心。

2. “生完孩子以后就会产生母爱吗？”

母爱是不是只要生完孩子以后就会像母乳一样自然而然流露出来呢？我想这种说法至少需要在前面加上“一定程度”这一修饰语才有可能受到认同吧。我们通常所说的产后母爱指的是“生理上的敏感状态”。这种状态在产后3周的时候就开始逐渐消失，3个月，最多6个月之后就会结束。这与医生所说的产后恢复期相吻合，所以这也成为诊断产后忧郁症的一个分岔点。

母爱的另一面与性格或特长一样是天生的，并不是生完孩子就都能够拥有的。如果将母爱定义为“善解喜欢人且不会说话的孩子的心情，细心照顾孩子以使其不感到辛苦的能力”，那它的确是天生的不假。看看我们周围的人就能知道，有的年轻女性在路上看到擦身而过的孩子都会稀罕到不行。但是有的女性却连自己的孩子都嫌烦，她们觉得自己的人生因为孩子而变得一团糟，并为此伤心不已。

作为一个母亲，我认为，正确理解一个人的性情能够减少不安或负罪感。每一个父母都望子成龙，希望孩子幸福。但是，如果妈妈心中缺乏天生的母爱，那么她们在养育孩子过程中体现出的野心会给孩子带来负担。例如，过分地以教育为中心，或者对孩子进行严厉的目标指向型教育。我并不是说这种教育是错误的，而是说如果只倾向于一边的话，孩子有可能会发展不健全，成为一个跛脚人。

有的妈妈用母爱来养育孩子，有的妈妈则重视对孩子的教育。如果能够两种方式并施的话自然是锦上添花，但是由于两种倾向之间存在一定的拮抗作用，所以双管齐下并不容易。如果我们能够首先了解到自己带有何种倾向，那么我们就会自然而然地产生为弥补不足而努力的想法。

自认为缺乏母爱的妈妈需要不断努力学习解读孩子内心的方法。例如，当我说什么话的时候，孩子会产生什么样的感觉；孩子的什么行为代表着什么等。

浑身缺点的我们有一天会成为父母，会为了成为完美的父母而费尽心血。当我们无法做到时，就会产生负疚感，想将孩子的问题隐藏起来，就像不想把满是红叉的考卷示于人前一样。就如我多次所强调的那样，养育子女是“父母和孩子共同成长的过程”。父母在与孩子的矛盾中认清自我并不断改善自己的缺陷。所以说，养育孩子是父母和孩子共同走向成熟的过程，这就是为人父母之事。

望子成龙的愿望本身就是一个幻想。不完美的父母期待子女的完美，这是父母的野心。不想在养育孩子的过程中对孩子造成伤害的想法也是天方夜谭。人类拥有喜怒哀乐如此丰富的情感，我们不能在孩子成长过程中只将好的情感展现给他们，因为这可能使他们的情感在某一方面产生缺陷。攻击性是每个人都具备的情感，无法逃避。如果得到妥善处理，那么攻击性有可能成为成就完美人生的驱动力。否则攻击性可能会腐败化脓，成为不知什么时候就会爆发的岩浆。

我们通常都说，“天下没有打败孩子的父母”，所以养育子女被比喻成“修道”。

虽然父母认为自己是在培育下一代，但当我们换一种思维，将养育子女看成“通过孩子学会为人父母的过程”是不是更准确些呢？以孩子为镜完善自我的过程是不是就是学会为人父母的过程呢？

要解决同别人产生的矛盾不过小事一桩，忍一忍就过去了，或者跟那人断绝往来即可。但是对待和子女之间的矛盾却万万不可如此。只要矛盾一天没有解决，父母和孩子就会不断地起冲突，从而使矛盾日益加深。为了不让最亲近、最应该去爱的人变成让人头疼的仇人，父母不得不选择改变自己。因为孩子只能表现矛盾，而不具备解决矛盾的能力。

能够找出矛盾的根源并予以解决的人只有妈妈。